Doug Stowe

Kästen & Schachteln
Perfekt konstruieren und bauen

WERKSTATTWISSEN FÜR **HOLZWERKER**

Doug Stowe

Kästen & Schachteln
Perfekt konstruieren und bauen

HolzWerken

Impressum

Originally published in the United States of America in 2004:
„Taunton's Complete Illustrated Guide to Box Making"
The Taunton Press, Inc.
Text © 2004 Doug Stowe
Fotos © Doug Stowe
Illustrationen © The Taunton Press, Inc

Deutsche Ausgabe
© 2010/2021 Vincentz Network GmbH & Co. KG, Hannover
„Kästen & Schachteln
Perfekt konstruieren und bauen"
3. Auflage 2016, unveränderter Nachdruck 2021

Übersetzung: Michael Auwers
Umschlaggestaltung: Kerker + Baum, Hannover
Produktion: PrintMediaNetwork, Oldenburg
Printed in Europe

ISBN 978-3-86630-945-6
Best.-Nr. 9152

HolzWerken
Ein Imprint von Vincentz Network GmbH & Co. KG
Plathnerstr. 4c
30175 Hannover
www.holzwerken.net

Das Arbeiten mit Holz, Metall und anderen Materialien bringt schon von der Sache her das Risiko von Verletzungen und Schäden mit sich. Autor und Verlag können nicht garantieren, dass die in diesem Buch beschriebenen Arbeitsvorhaben von jedermann sicher auszuführen sind. Autor und Verlag übernehmen keine Verantwortung für eventuell entstehende Verletzungen, Schäden oder Verlust, seien sie direkt oder indirekt durch den Inhalt des Buches oder den Einsatz der darin zur Realisierung der Projekte genannten Werkzeuge entstanden. Die Herausgeber weisen ausdrücklich darauf hin, dass vor Inangriffnahme der Projekte diese sorgfältig zu prüfen sind. Ebenso muss sichergestellt werden, dass der Ausführende die Handhabung der jeweiligen Werkzeuge beherrscht.
Die Vervielfältigung dieses Buches, ganz oder teilweise, ist nach dem Urheberrecht ohne Erlaubnis des Verlages verboten. Das Verbot gilt für jede Form der Vervielfältigung durch Druck, Kopie, Übersetzung, Mikroverfilmung sowie die Einspeicherung und Verarbeitung in elektronischen Systemen etc.

Die Wiedergabe von Gebrauchsnamen, Warenbezeichnungen und Handelsnamen berechtigt nicht zu der Annahme, dass solche Namen ohne weiteres von jedermann benutzt werden dürfen. Vielmehr handelt sich häufig um geschützte, eingetragene Warenzeichen.

 **Weitere Materialien kostenlos online verfügbar!**
http://www.holzwerken.net/bonus

Ihr exklusiver Bonus an Informationen!
Ergänzend zu diesem Buch bietet Ihnen *HolzWerken* Bonus-Materialien zum Download an.
Scannen Sie den QR-Code oder geben Sie den Buch Code unter www.holzwerken.net/bonus
ein und erhalten Sie kostenfreien Zugang zu Ihren persönlichen Bonus-Materialien!

Buch-Code: TE3765H

Jenen gewidmet, die sich mit der Herstellung von Holzkästen beschäftigen. Wir lernen vom Holz, von den Werkzeugen, von der Tradition und von einander.

Danksagungen

Ich stehe deutlich in der Schuld aller Handwerker, die Holzkästen gebaut haben und deren Namen heute vergessen sind. Sie haben uns mit den handwerklichen Traditionen, die sie einführten, ein unsigniertes Erbe hinterlassen, auf dem unsere heutigen Werkzeuge, Techniken und Entwürfe aufbauen. Darüber hinaus möchte ich auch bei heute noch aktiven Handwerkern für die Inspirationen bedanken, die sie mir geliefert haben. Einige sind Freunde, die ich kennenlernte, als ich meinen eigenen Schatullen verkaufte, andere haben mich durch ihre veröffentlichen Werke inspiriert und angeregt. Die Tischlerei ist eine anhaltende Unterhaltung mit so vielen Teilnehmern, dass es manchmal schwierig ist, sich daran zu erinnern, wer etwas bestimmtes beigetragen hat.

Ich bin dankbar dafür, dass ich die Gelegenheit hatte, von Andrew Crawford, Peter Czuk, Bill Bolstad, Michael Elkan, Terry Evans, Lorenzo Freccia, David Freedman, Michael Hamilton und Dee Roberts, James Krenov, Tom Loeser, Po Shun Leong, Peter Lloyd, Stephen Long, Tony Lydgate, Jay und Janet O'Rourke, Mark Rehmar, Jeff Seaton, Ed Wohl zu lernen. Dabei sollen nicht die vielen außer Acht gelassen werden, die hier nicht genannt wurden – nicht weil ihr Beitrag ein geringerer gewesen wäre, sondern weil mein Gedächtnis ihre Namen nicht mehr preisgibt. Ich danke für die Gelegenheit, zu dieser inspirierenden Gesellschaft mehr als nur einige Worte und Werke beizutragen.

Mit ihren schönen Scharnieren haben Larry und Faye Brusso dazu beigetragen, dass viele Handwerker noch besser Schatullen hergestellt haben. Während ich an diesem Buch arbeitete, zogen sie sich aus dem Berufsleben zurück und verkauften die Rechte an ihren Produkten an eine Firma, die ihre Arbeit fortsetzen wird. Mein Dank an Larry und Faye für die wichtige Rolle, die sie in unserer Gemeinschaft gespielt haben, ist verbunden mit den besten Wünschen für die Zukunft. Ich freue mich, dass ihre hervorragenden Beschläge uns auch weiterhin zur Verfügung stehen werden.

Seit mehr als 28 Jahren landet regelmäßig der Werkzeug- und Beschlagkatalog der Firma Woodcraft in meinem Briefkasten.

Während ich dieses Buch schrieb, feierte die Firma Woodcraft ihr 75jähriges Gründungsjubiläum. Ich profitiere immer noch von den Dingen, die ich beim Studium der Versandkataloge gelernt habe. Und ich bin dankbar dafür, dass ich hier, in dieser entlegenen Ecke von Arkansas, auf diese Weise Zugang zu der Welt der guten Werkzeuge und Beschläge hatte.

Dank gilt meinem Lektor Tony O'Malley, der mir half, ein besserer Schriftsteller zu sein, und an Helen Albert von The Taunton Press, die mir die Chance gab, dieses Buch zu schreiben und dafür sorgte, dass ich bei der Stange blieb.

Meine Frau und Tochter behaupten, ich sei ein anderer Mensch, wenn ich ein Buch schreibe. Es sei schwierig, mit mir zu leben, und ich erfordere besondere Rücksichtnahme. Ich danke Jean und Lucy für ihre Unterstützung und die besondere Rücksicht, die sie nahmen.

Inhalt

1 EINLEITUNG

2 TEIL EINS: Das Werkzeug

2 Die Werkstatt

3 Mess- und Anreißwerkzeuge

4 Maschinen für das Zurichten des Holzes

6 Werkzeuge zur Formgebung

7 Bohrmaschinen

8 Zwingen und Einspannwerkzeuge

9 Schleifwerkzeuge

9 Handwerkzeuge

10 Lärm und Staub

10 Sicherheit und Genauigkeit

11 Vorrichtungen aus eigener Herstellung

15 TEIL ZWEI: Das Material

24 Kleine Stammabschnitte grob zusägen

25 Bohlen auftrennen

27 Bretter mit dem Handhobel bearbeiten

28 Breitenverleimungen

29 Schmale Bretter und Furniere herstellen

31 TEIL DREI: Die Verbindungen

44 Gestoßene und gefälzte Verbindungen

47 Verbindungen auf Gehrung

55 Schlitz- und Zapfen-Verbindungen

59 Fingerzinken

63 Schwalbenschwanz-zinkungen

68 TEIL VIER: Die Deckel

73 Einfache Deckel

74 Vom Kasten geschnittene Deckel

76 Schiebedeckel

78 Verbindungen für Deckel mit Rahmen

83 TEIL FÜNF: Sockel und Füße für Holzkästen

87 Füße

91 Sockel

93 TEIL SECHS: Die Innenausstattung

99 Unterteilungen und Tabletts

102 Schubladen

104 Innenverkleidungen

107 TEIL SIEBEN: Die Scharniere und Beschläge

114
Scharniere anbringen

121
Schlösser anbringen

122
Selbst gefertigte Beschläge

125 TEIL ACHT: Das Außendekor

129
Einlegearbeiten

133
Intarsien

134
Schnitzereien

136 TEIL NEUN: Kästen jenseits des rechten Winkels

140
Bugholzschachteln

143
Gedrechselte Büchsen

145
An der Bandsäge hergestellte Kästen

148 INDEX

Einleitung

Eine Schachtel aus Holz. Was könnte schlichter sein? Und gleichzeitig tiefgründiger? Hölzerne Schachteln sind zu einer eigenen Kunstform geworden, bei ihrer Herstellung finden viele Handwerkern ihren persönlichen Ausdruck. Ein Kasten aus Holz versinnbildlicht eine komplexe Beziehung. Der Entwurf wird durch das beeinflusst, was man hineintut. Das Material Holz, sein Charakter, seine Farbe, Textur, seine strukturellen Eigenschaften, stehen seit alters her in einer besonderen Beziehung zum Menschen, seiner Kultur und deren Weiterleben. Bei der Herstellung einer Holzschatulle kommt die gesamte Menschheitsgeschichte und unsere natürliche Umwelt ins Spiel. Die Freude, die wir bei der Herstellung einer Schatulle empfinden mögen, findet ihren Ursprung in dem wunderbaren Planeten, auf dem wir leben, in den Schätzen unserer Wälder und in der von Sorgfalt geprägten Tradition der Handwerker, die vor uns kamen.

1865 kam meine Urgroßmutter mit 11 Jahren aus Norwegen in die USA. Alle ihre kostbarsten Besitztümer trug sie in einer Holzschachtel mit sich, die ein unbekannter Handwerker in ihrem Heimatdorf hergestellt hatte. Später wurden in dieser Schachtel die Familienfotos der Familie meiner Mutter aufbewahrt. Nachdem diese Fotografien dann an verschiedene Besitzer verteilt worden waren, fand die Schachtel einen Platz in meinem Elternhaus und diente mir als Verweis auf vergangene Zeiten, in denen es noch möglich war, die wichtigsten Dinge im Leben einer jungen Frau oder eines jungen Mannes in einem so kleinen Behältnis aufzubewahren.

Mir erscheint die Tatsache bedeutsam, dass diese schlichte Schachtel mehr als hundert Jahre solch eine Bedeutung haben konnte: Sie sagt auch etwas über die Holzkästen aus, die wir selbst herstellen. Unsere Schachteln und Schatullen müssen nicht perfekt sein, um eine besondere Bedeutung zu besitzen. Eine Holzschachtel kann man um des Lerneffekts bei der Herstellung willen bauen. Man kann sie mit Sorgfalt und mit Liebe herstellen. Man sollte sie in dem Wissen bauen, dass sie vielleicht eines Tages für einen geliebten Menschen etwas Besonderes bedeutet und dass sie vielleicht noch Generationen nach einem selbst genutzt werden wird.

Kein Buch über die Herstellung von Holzkästen kann jemals wirklich vollständig sein. Die verschiedenen Techniken, die von den Tausenden verwendet werden, die sich mit diesem Thema beschäftigen, können niemals umfassend dokumentiert werden. Unvollständig wäre ein solches Buch schon deswegen, weil es nicht Ihre eigenen Arbeiten einschließt. Wenn Sie sich auf das Abenteuer einlassen, Holzschatullen zu tischlern, sollten Sie bereit sein, zu experimentieren, Fehler zu machen und aus ihnen zu lernen. Schließlich werden Ihre Arbeiten zu einem Teil der großen, weltweiten Tradition werden, einem Gespräch zwischen den verschiedenen Handwerkern, der zukünftige Generationen mit Freude werden lauschen können.

Hinweis zur deutschen Ausgabe

Das vorliegende Buch ist die deutsche Ausgabe eines im Original in den USA erschienenen Buches. Einige dieser Darstellungen entsprechen nicht den deutschen Sicherheitsvorschriften.

Fast alle Bilder wurden bei nicht laufenden Maschinen gemacht! Sie demonstrieren eine Vorgehensweise, stellen aber nicht den Vorgang dar. Schutzvorrichtungen sind zur Verdeutlichung der Vorgehensweise nicht immer mit abgebildet.

Bitte beachten Sie die Sicherheitsvorschriften für die von Ihnen benutzten Werkzeugmaschinen. Arbeiten Sie grundsätzlich nur mit Maschinenwerkzeugen, deren Handhabung Sie beherrschen.

TEIL EINS

Das Werkzeug

Die wenigsten Holzhandwerker verfügen von Anfang an über eine ideale Werkstatt. Man beginnt mit dem, was man hat: dem Drang, auch unter schwierigen Bedingungen aus Holz etwas Bedeutungsvolles herzustellen. Mir hat die Arbeit auch unter den größten Einschränkungen stets große Befriedigung bereitet. Die meisten Handwerker träumen von einer perfekten Werkstatt (die fast immer etwas größer sein sollte als die vorhandene) und ersehnen sich mindestens ein weiteres Werkzeug. In der Zwischenzeit kann man aber mit dem Gegebenen schon Kästen bauen.

Die Werkstatt

Eine kleine, ordentliche Werkstatt kann einem das Gefühl vermitteln, eng mit den dort hergestellten Gegenständen verbunden zu sein. Andererseits lässt eine große Werkstatt oft das Gefühl der Sterilität und Einsamkeit aufkommen. Meine jetzige Werkstatt war ursprünglich eine etwas übergroße Garage für zwei Wagen. Im Gegensatz zu den meisten Garagen sah der Entwurf jedoch eine erhöhte Decke vor, sodass langes Material beim Hobeln gewendet werden konnte, außerdem verfügt der Raum über Steckdosen in der Mitte der Fußbodenfläche und über Anschlussmöglichkeiten für eine Späneabsauganlage.

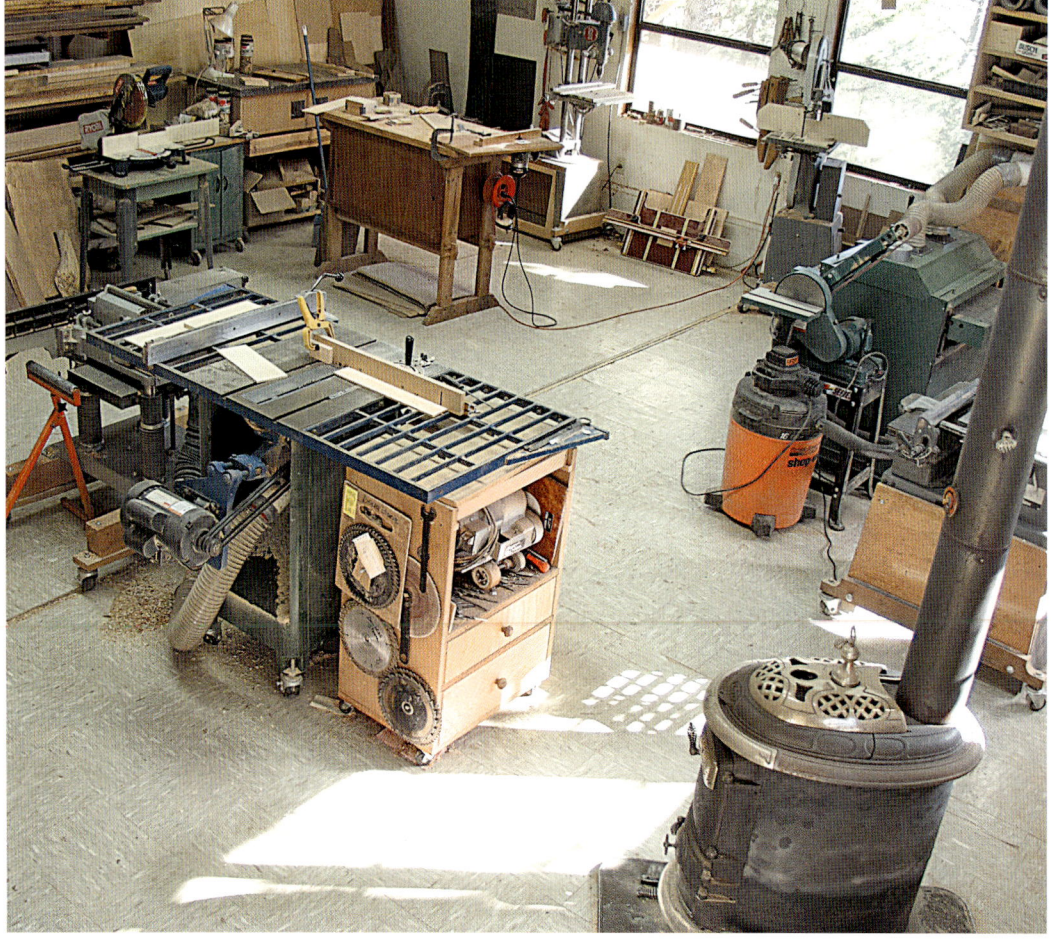

Meine Werkstatt ist in einer etwas übergroßen Garage für zwei Pkws untergebracht. Zugeschnitten wird vor allem in der Mitte des Raums. Das Holz wird in Regalen an der Wand links gelagert. Die Oberflächenbehandlung findet in einem abgetrennten Raum statt, sodass es nicht zu Beeinträchtigungen durch Holzstaub kommt.

DAS WERKZEUG

Eine einfache Rissleiste kann man herstellen, indem man die Maße des zukünftigen Inhalts eines Kastens direkt abnimmt. Die Markierungen halten die Höhe, Breite und Länge des Holzkastens fest, in dem das Tafelsilber aufbewahrt werden soll. Mit der Rissleiste kann man dann die Stoppklötze ausrichten, mit denen die Teile auf Länge und Breite geschnitten werden – und das, ohne irgendein Messinstrument in die Hand zu nehmen.

Mess- und Anreißwerkzeuge

Ein Holzkasten lässt sich vollkommen ohne Abmessen herstellen, vor allem wenn man ihn an der Drechselbank oder Bandsäge herstellt (vgl. Abschnitt „Frei geformt Kästen", Seite 136. Aber viele unter uns sind vom Bandmaß, Stahllineal, Tischlerwinkel und anderen Messwerkzeugen abhängig geworden, da sie uns bei der Arbeit ein Gefühl der Sicherheit geben. Bevor sich der Zollstock und das Bandmaß allgemein durchsetzten, arbeiteten Handwerker mit einer Rissleiste, um ihre Arbeit zu planen und Maße genau anzureißen und zu übertragen. Mit einer Rissleiste kann man die ausgeführte Arbeit auch dokumentieren und bei Bedarf später maßgetreu wiederholen. Mit einer einfachen Rissleiste lassen sich auch Gegenstände abmessen, wenn man einen Holzkasten herstellt, um so unmittelbar das Verhältnis zwischen den Bauteilen und den Gegenständen zu beurteilen, die später in ihm aufbewahrt werden sollen. Zudem kann sie ein guter Anfang beim Entwerfen von Holzkästen sein. Ein Kombiwinkel sollte zu den ersten Werkzeugen gehören, die Sie sich anschaffen. Mit ihm kann man sowohl 45°-Gehrungen als auch rechtwinklige Schnitte überprüfen. Bei der Montage des Kastens dient er ebenfalls der Kontrolle der Rechtwinkligkeit. Stahllineale und -winkel erweisen sich beim Einrichten von Maschinen als nützlich, vor allem, wenn man in sehr kleinen Dimensionen arbeitet.

Ich verwende einen Messschieber mit Rundskala, um Innen-, Außen- und Tiefenmaße zu ermitteln, notfalls kann man damit bis zu einer Genauigkeit von 0,01 mm messen. Es mag zuerst ironisch erscheinen, dass ein Handwerker so viel Sorgfalt in die ersten Schritte der Herstellung – dem auf Dicke Hobeln des Holzes – aufwendet. Tatsächlich kann aber die Genauigkeit des gesamten Herstellungsvorgangs vom präzisen Aushobeln des Holzes abhängen.

Nicht ganzzahlige Winkel können mit dem Winkelmesser des Kombiwinkels gemessen und überprüft werden. Falls man das genaue Winkelmaß nicht wissen muss, kann man auch mit der Schmiege arbeiten. Sie eignet sich besonders für das Anreißen von Zinken und das Übertragen von

Von links nach rechts: Bandmaß, Stahllineal, großer Winkel, Kombiwinkel, kleiner Winkel und Schiebelehre mit Rundskala.

TEIL EINS

Von links: Kombiwinkel mit Winkelmesser, verstellbarer Winkelmesser, Winkellehre und eine Schmiege.

Verschiedene Streichmaße (von links): altes Streichmaß aus Buche und Messing, einfaches Streichmaß mit Bohrung als Aufnahme für einen Bleistift, Streichmaß mit Klinge zum Anreißen von Hirnholz und ein Zapfenstreichmaß des Herstellers Marples.

Winkeln an den Winkelanschlag der Tischkreissäge oder auf die Neigung des Kreissägeblatts. Mit dem Streichmaß werden Zapfen und Schlitze angerissen und die Stärke von Material bestimmt, das mit der Hand auf Dicke gehobelt werden soll. Sie sind auch bei vielen anderen Anreißarbeiten nützlich. Ich verwende häufig ein Streichmaß, das einen Bleistift aufnimmt, damit die Risse auf dem Holz später wieder ausradiert werden können.

Maschinen für das Zurichten des Holzes

Am leichtesten lässt sich Holz mit einer Kombination aus drei Maschinen auf die gewünschten Maße bringen: mit der Tischkreissäge, dem Abrichthobel und dem Dickenhobel. Viele Handwerker ergänzen dieses Trio noch durch eine Kapp- und Gehrungssäge oder eine Radialkreissäge. Die Tischkreissäge ist in den meisten Werkstätten die am häufigsten verwendete Maschine. Die großen Formatkreissägen sind zwar sehr beliebt, Sie werden aber feststellen, dass eine kleine (Unterzug-)Kreissäge, wie sie für Montagearbeiten verwendet wird, weniger Platz in der Werkstatt einnimmt und für die meisten Aufgaben bei der Herstellung eines Holzkastens vollkommen ausreicht. Allerdings stößt man mit einer solchen Säge beim Zuschnitt von Rohmaterial schnell an Grenzen – hierbei machen sich die höhere Leistung und der größere Sägeblattdurchmesser der großen Säge bemerkbar. Man muss die Vor- und Nachteile abwägen. Mit der Tischkreissäge kann man nicht nur Material auf Format schneiden, sondern eine Vielzahl von anderen Aufgaben ausführen. Die beiden wichtigsten Punkte bei der Arbeit mit der Kreissäge sind die Wahl eines geeigneten Sägeblatts und die genaue Ausrichtung des Parallelanschlags zum Sägeblatt und zur Führungsnut für den Queranschlag.

Hartmetallbestückte Sägeblätter sind inzwischen zum Standard geworden. Blätter mit Wechselbezahnung eignen sich besonders für die Her-

Im Uhrzeigesinn von oben rechts: ein Nutsägeblattsatz mit mehreren Blättern, eine Schleifscheibe für die Tischkreissäge, ein Wechselzahnblatt (in der Tischkreissäge), ein dünnes Sägeblatt zum Ablängen und ein dünnes Sägeblatt für Längsholzschnitte.

Die Kapp- und Gehrungssäge ist vor allem bei wiederholten Schnitten der gleichen Länge nützlich, wenn man einen Stoppklotz verwendet.

stellung von sehr kleinen Fingerzinken und zum Schneiden von Schlitzen in Gehrungsverbindungen, die lose Federn aufnehmen sollen. Beim Zuschneiden von starkem Material benutze ich ein möglichst dünnes Blatt, da so die für den Schnitt erforderliche Leistung reduziert wird. Solche Blätter können deswegen in gewissen Grenzen auch die Nachteile einer untermotorisierten Tischkreissäge ausgleichen.

Die Kapp- und Gehrungssäge ist eine ausgezeichnete Maschine für Holzhandwerker, die über wenig Platz verfügen und ihre Tischkreissäge ergänzen wollen.

Der Abrichthobel und der Dickenhobel sind die beiden Hauptakteure, wenn es darum geht, rohes Holz auf Endstärke zu bringen. Mit dem Abrichthobel wird eine Fläche des Holzes abgerichtet, mit dem Dickenhobel wird die gegenüberliegende Fläche parallel zur ersten gehobelt.

Obwohl es Tischler gibt, die zuerst das gesamte Material auf Dicke hobeln und dann daraus die einzelnen Teile auf Länge schneiden, ziehe ich es vor, die Teile aus dem Rohmaterial mit geringem Übermaß abzulängen, sie auf Breite zu schneiden und dann mit dem Abricht- und Dickenhobel auf Stärke zu bringen. Bei der Arbeit mit sehr kleinen Teilen gebe ich soviel Übermaß zu, dass sie sich

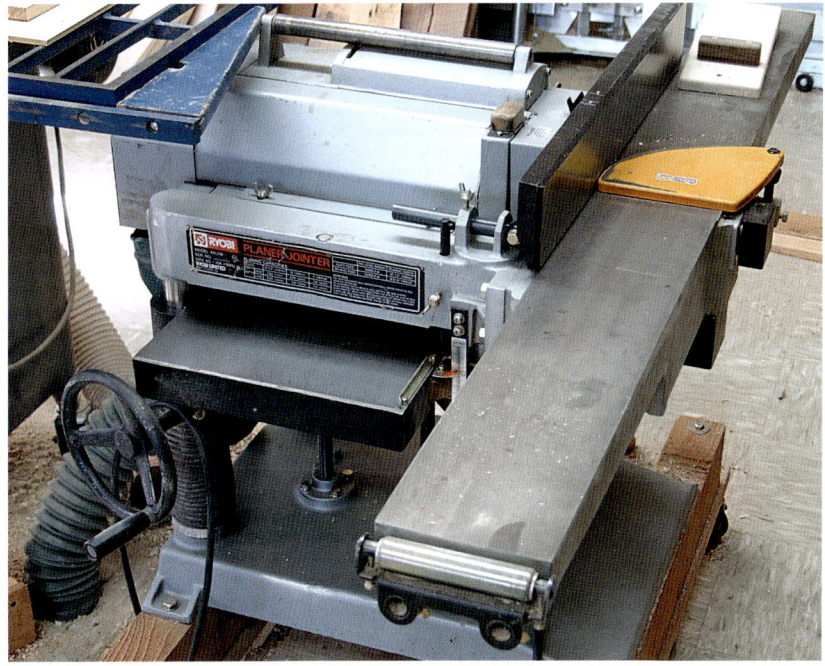

Um Platz in meiner Werkstatt zu sparen, benutze ich einen kombinierten Abricht- und Dickenhobel. Beide Teile werden vom gleichen Motor angetrieben. Wenn sie nicht gebraucht wird, kann die Maschine unter einer Ablage meiner alten Atlas-Tischkreissäge verstaut werden.

TEIL EINS

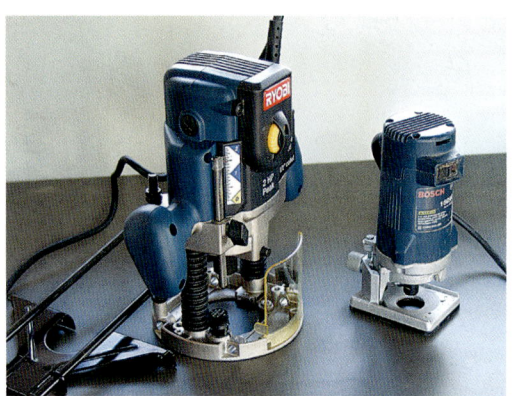

Die Handoberfräse (links) und die Kantenfräse sind bei der Herstellung von Holzkästen nützliche und wichtige Werkzeuge.

Mit der Bandsäge kann man nicht nur Bohlen auftrennen und Rohholz zuschneiden, mit einem Schweifband ist sie auch in der Lage, gebogene Linien in Vollholz zu sägen.

problemlos am Abricht- und Dickenhobel bearbeiten lassen. Meinen ersten Abrichthobel kaufte ich lange Zeit, bevor ich mir einen Dickenhobel anschaffte. Deshalb war ich darauf angewiesen, Holz in der gewünschten Stärke zu kaufen, das jedoch gelegentlich verzogen war. Wenn ich heute noch einmal von vorne anfinge, würde ich in Anbetracht der preiswerten und transportablen Dickenhobel, die man heutzutage erhalten kann, eine solche Maschine erwerben und sie durch eine Raubank (z. B. einen Stanley Nr. 7) und eine gute Hobelbank ergänzen.

Werkzeuge zur Formgebung

Es gibt viele Werkzeuge, mit denen man bei der Herstellung eines Holzkastens die gerade Linie und den rechten Winkel hinter sich lassen und in den Bereich der fließenden Kurven und freien Formen vorstoßen kann.

Die Handoberfräse

Die Handoberfräse ist das Werkzeug, das am häufigsten für die Formgebung eingesetzt wird. Sie hat weitgehend die speziellen Profilhobel ersetzt, die einst so verbreitet waren. Die Handoberfräse kann entweder frei mit der Hand geführt oder stationär in einem Handoberfräsentisch eingesetzt werden, um eine Vielfalt von Profilen zu fräsen oder Holzverbindungen zu schneiden. Ich verwende einen Handoberfräsentisch, der sehr viel schlichter ist, als jene, die von den meisten Holzhandwerkern verwendet werden: Ich befestige die Handoberfräse einfach an einem Stück Sperrholz, das ich dann an der Hobelbank einspanne.

Die Beliebtheit und Vielseitigkeit der einfachen Handoberfräse haben zu zwei Weiterentwicklungen geführt, die ihr Einsatzgebiet vergrößert haben. Die Handoberfräse mit verstellbarer Frästiefe (wie sie auf dem deutschen Markt fast nur noch zu erhalten ist), ist ein sehr effektives Werkzeug für die Herstellung von Verbindungen (etwa beim Fräsen von Schlitzen), zudem kann man mit ihr gut größere Mengen Verschnitt in genau bestimmbaren Mengen abnehmen. Die Kantenfräse wurde ursprünglich entwickelt, um bei der Verarbeitung von Küchenarbeitsplatten die Laminatoberfläche bündig zu fräsen. Sie wird gerne bei der Herstellung von Holzschachteln verwendet, da sie klein und leicht ist und so bei feinen Einlegearbeiten und dem Anbringen von Beschlägen gut zu handhaben ist.

Bandsäge

Die Bandsäge ist nützlich, um stärkeres Material in dünnere Bretter aufzutrennen; in den meisten Werkstätten wird sie jedoch vor allem benutzt, um Kurven zu sägen. Je nachdem, wo Sie bei der Herstellung von Holzkästen Ihre Schwerpunkte setzen, kann die Bandsäge eine der wichtigsten Maschinen in der Werkstatt sein oder ein Schattendasein fristen. Bei mir spielte sie immer wieder über längere Zeit keine große Rolle. Wenn man sich jedoch für frei geformte Holzkästen interessiert, wenn man Büchsen an der Drechselbank herstellen möchte oder wenn man vor allem mit Handhobeln arbeitet, dann kann die Bandsäge die Maschine erster Wahl sein. Die Nützlichkeit der Bandsäge hängt vor allem vom Sägeblatt ab. Um stärkere Holzstücke aufzutrennen, sollte man ein breites Bandsägeblatt verwenden. Solche Blätter sind für den Einsatz unter stärkeren Spannungen vorgesehen und reißen nicht so leicht, wenn sie stark beansprucht werden. Im Allgemeinen ergeben sie auch einen graderen Schnitt. Für das Sägen von unregelmäßigen Formen mit engen Kurven benötigt man ein schmaleres Bandsägeblatt.

Die Dekupiersäge (Feinschnittsäge)

Formen mit stärkeren Krümmungen als jene, die im Allgemeinen mit der Bandsäge geschnitten werden, kann man mit der Dekupiersäge bearbeiten. Die feinen Sägeblätter hinterlassen eine Oberfläche, die kaum noch geschliffen werden muss. Die Dekupiersäge ist das Werkzeug der Wahl, um die feinen Details zu bearbeiten, die bei Griffen und Standfüßen für Schatullen manchmal notwendig sind.

Die Drechselbank

Die Drechselbank ist eine der vollkommensten Maschinen in der Werkstatt. Man kann nur mit der Bank und einigen Drechseleisen das Material vom Rohling bis hin zum fertig geschliffenen Werkstück bearbeiten. Um Büchsen an der Drechselbank einzuspannen, verwende ich ein Futter, mit dem man die innere und äußere Form bearbeiten kann, ohne das Werkstück ein- und ausspannen zu müssen. Für jemanden, der sich erstmalig mit Holzbearbeitung beschäftigt und in Platz und Ausstattung begrenzt ist, kann das Drechseln ein Leben lang Möglichkeiten zum Experimentieren, Lernen und Arbeiten geben.

Bohrmaschinen

Die Ständerbohrmaschine ist mit der Bohrtiefeneinstellung und der sehr genauen senkrechten Ausrichtung das präziseste Bohrwerkzeug. Mit

An der Drechselbank kann man eine Büchse von Anfang bis Ende herstellen. Zuletzt wird die Büchse – noch im Futter eingespannt – geschliffen und geölt oder gewachst. Dabei kann man zusehen, wie das Holz zum Leben erwacht.

Eine Parallelzwinge, die man an der Werkbank festspannt, kann als Ersatz für die Vorderzange an eine Hobelbank dienen, um bei Handarbeiten wie der Herstellung von Schwalbenschwanzinkungen das Material zu halten.

Mit einem Schraubstock kann man ein Werkstück zwischen den Backen halten. Eine gute Bankzange kann es darüber auch mit Bankhaken auf der Platte der Hobelbank fixieren.

TEIL EINS

Im Uhrzeigersinn von rechts: ein Bandschleifgerät, zwei unterschiedliche Schwingplatten, ein Schwingschleifer und ein Exzenterschleifer. Die übergroße Schwingplatte für einen halben Bogen Schleifpapier scheint meine eigene Erfindung zu sein, sie hat mir jedoch manch eine Stunde mühseliges Schleifen erspart.

Zwei stationäre Schleifmaschinen: ein Breitbandschleifer und ein kombinierter Band- und Tellerschleifer. Bei der Herstellung ist der Band- und Tellerschleifer nützlicher. Der Breitbandschleifer kommt nur bei schwierigem Faserverlauf, bei breiten Platten und bei stärkeren Furnieren zum Einsatz.

einer Anlageschiene und Anschlägen ausgerüstet, lässt sie sich sehr effektiv in der Produktion einsetzen. Im Gegensatz dazu ist die Handbohrmaschine in ihrer Genauigkeit vom Benutzer abhängig, da sie keinen eingebauten Tiefenstopp besitzt und von Hand senkrecht ausgerichtet werden muss.

Handbohrmaschinen sind jedoch in dem meisten Haushalten vorhanden und können auch bei der Herstellung von Holzkästen eingesetzt werden. Ich ziehe schnurgebundene Modelle den Versionen mit Akku vor, da sie auch in zwanzig Jahren noch funktionieren werden, während Akkubohrer eine begrenzte Lebensdauer haben. Unter den anderen Bohrwerkzeugen wäre noch die Schlitzstemmmaschine zu nennen, für eine kleine Werkstatt mit begrenztem Raumangebot ist eine entsprechende Zusatzvorrichtung für die Ständerbohrmaschine jedoch vielleicht die bessere Wahl.

Zwingen und Einspannwerkzeuge

Als Holzhandwerker scheint man nie genug Zwingen besitzen zu können. Man braucht sie für die Montage und das Verleimen von Holzkästen ebenso wie beim Einspannen von Teilen während der Bearbeitung. Die verschiedenen Zwingen eignen sich nicht gleichermaßen für die verschiedenen Aufgaben, deshalb ist es hilfreich, über verschiedene Typen und Größen zu verfügen.

Sehr kleine Kästen lassen sich gut mit C-Zwingen einspannen, wegen der hohen Kräfte, die sie ausüben, muss man jedoch Zulagen verwenden, um Druckstellen am Holz zu vermeiden. Für größere Kästen verwende ich Spanngurte oder Spannelemente. Spanngurte eignen sich besonders für die Montage von Kästen mit Gehrungsverbindungen. Die langen Spannelemente und Zwingen, die in der Möbeltischlerei verwendet werden, sind bei der Herstellung von kleinen Kästen eher unhandlich, ich verwende jedoch Spannelemente bei Einlegearbeiten und beim Verleimen von breiten Platten aus schmaleren Brettern. Zwingen setze ich häufig ein, um Vorrichtungen, Anschläge und meinen Handoberfräsentisch an der Werkbank zu befestigen. Um die Zeit zu überbrücken, bis man sich eine richtige Hobelbank entweder selbst baut oder kauft, kann man eine Figurenschraube mit Zwingen an der Werkbank befestigen, um die Zangen der Hobelbank zu ersetzen.

Eine Hobelbank mit guten Zangen und Bankhaken ist eine sehr effektive Möglichkeit, Holz während des Hobelns oder Fräsens zu fixieren. Im Grunde ist eine gute Hobelbank das beste Einspannwerkzeug.

Schleifwerkzeuge

Die Auswahl von Schleifwerkzeugen reicht vom schlichten Schleifklotz, um den man Schleifpapier wickelt, bis hin zu aufwendigen Breitbandschleifmaschinen, wie sie im Möbelbau eingesetzt werden. Ich verwende verschiedene Schleifmaschinen, um effektiv arbeiten zu können: Schwingschleifer, Exzenterschleifer, eine stationäre Maschine mit Schleifband und -scheibe und einen Trommelschleifer. Die Trommelschleifmaschine verwende ich bei den ersten Schleifgängen, wenn ich schwierige Hölzer mit wilder Maserung oder Vogelaugenahorn bearbeite, oder wenn ich Furniere auf Endstärke schleife. Die Trommelschleifmaschine macht die Endbearbeitung jedoch nicht einfacher, da sie grobe Riefen hinterlässt, die nicht leicht zu entfernen sind.

Normalerweise führe ich die ersten Schleifgänge je nach Größe des Kastens mit einer stationären oder handgeführten Bandschleifmaschine aus. Größere Kästen lassen sich nicht so gut an der stationären Maschine bearbeiten. Bei kleinen Kästen schleife ich mit grobem und mittlerem Schleifpapier (Körnung 100 bis 150) an der stationären Maschine und verwende dann einen großen Schwingschleifer, um die abschließenden Schleifgänge mit den Körnungen 180, 240 und 320 auszuführen. Wenn ich größere Stückzahlen schleifen muss, befestige ich meine Schleifmaschine kopfüber in einer selbst hergestellten Vorrichtung, um Ermüdung vorzubeugen.

Bei der Verwendung von Schleifmaschinen jeder Art besteht immer die Gefahr, dass die Ecken und Kanten des Werkstücks zu sehr abgerundet werden. Oft lässt sich das gewünschte Resultat effektiver erreichen, wenn man ein Stück Schleifpapier an der Hobelbank befestigt und das Werkstück manuell darüber führt.

Handwerkzeuge

Handwerkzeuge können eine Quelle großer Freude oder Frustration sein, je nachdem in wessen Händen sie sich befinden. Ich schätze die Möglichkeit, mit Handwerkzeugen zu arbeiten, bin aber nicht von frustrierenden Erlebnissen verschont geblieben, während ich lernte, sie richtig zu verwenden. Zu den Herausforderungen gehört auch, die richtige Einstellung zu finden. Wenn man spielende Kinder beobachtet, kann man sehen, dass sie sich dem Spiel voll und ganz widmen, ohne allzu viel auf den – eventuell mangelnden – Erfolg ihrer Bemühungen zu achten. Diese Einstellung sollte man sich aneignen, wenn man den Umgang mit Handwerkzeugen erlernt. Als ich erstmals mit Stechbeiteln arbeitete, befürchtete ich stets, sie beim Schärfen zu ruinieren, indem ich nicht den richtigen Schleifwinkel einhielt. Ich behandelte sie wie kostbare Gegenstände, nicht wie Werkzeuge, die sich im Laufe ihre Lebenszeit

Zu meinen eigenen Handwerkzeugen gehören eine englische Rückensäge, deutsche Lochbeitel, einfache Stechbeitel, kleine Schnitzeisen und sogar einige Spezialbeitel, die ich selbst aus alten Feilen hergestellt und mit gedrechselten Griffen versehen habe.

Alte Hobel kann man auf Flohmärkten erstehen und wieder gebrauchsfähig machen. Solche mit Metallkorpus sind in Deutschland eher selten. Zu sehen sind im Uhrzeigersinn von rechts: ein Hobel mit Holzkorpus von Clark and Williams; ein alter Einhandhobel von Stanley; ein neueres Modell des gleichen Herstellers; und Putzhobel von Stanley (Modell 7, Modell 5 und Modell 4)

Ein Schiebestock, wie ich sie bevorzuge: Die Hände bleiben weit vom Sägeblatt entfernt, und man kann auch kürzere Werkstücke sicher sägen.

natürlich auch abnutzen. Scheuen Sie nicht davor zurück, Ihre Handwerkzeuge zu benutzen, Fehler mit ihnen zu machen oder sie falsch zu schärfen.

Wenn ich Einzelstücke herstelle, greife ich oft zu Handwerkzeugen, auch wenn andere Herstellungsverfahren vielleicht effizienter wären. Im Wesentlichen gibt es für alle bis hier beschriebenen Holzbearbeitungsmaschinen auch Gegenstücke im Handwerkzeug. Auch eine mit den neusten Maschinen bestückte Holzwerkstatt sollte über Stechbeitel und einige grundlegende Handwerkzeuge verfügen. Es kann vorkommen, dass der Einsatz einer Dozuki praktischer ist, als die Tischkreissäge für einen einzigen Schnitt neu einzurichten.

Lärm und Staub

Bei der Arbeit mit elektrischen Maschinen entstehen Lärm und Staub. Das kann zu Irritationen bei den Mitbewohnern führen, auf jeden Fall stellen sie Gesundheitsgefahren für den Holzwerker dar. Es ist wichtig, beim Schleifen eine Atemschutzmaske zu tragen und Späne und Staub schon am Entstehungspunkt während des Sägens oder Fräsens aufzufangen. Bei lärmträchtigen Arbeiten in der Werkstatt wie z.B. maschinellem Schleifen, Hobeln oder Fräsen, sollte man stets einen Gehörschutz tragen. Es gibt Maschinen, die so leise arbeiten, dass sie keine Gesundheitsgefahr darstellen, aber an laute Geräusche sollte man sich nicht gewöhnen. Ich halte Lärm- und Staubschutz für Grundvoraussetzungen bei der Arbeit mit Maschinen. Meine eigene Werkstatt wurde deshalb mit Anschlussmöglichkeiten für die Späneabsauganlage gebaut, aber es gibt auch bewegliche Späneabsauger, mit denen die Arbeit für den Handwerker sicherer und die Familienangehörigen angenehmer wird.

Sicherheit und Genauigkeit

Es gibt eine Reihe von grundlegenden Hilfsmitteln, mit denen die Arbeit in der Holzwerkstatt sicherer wird. Zudem werden die Ergebnisse der Arbeit mit diesen Vorrichtungen in der Regel auch genauer.

Schiebestöcke sorgen zum Beispiel dafür, dass man nicht mit den Fingern in die Gefahrenzone gerät, wenn man ein Werkstück an der Tischkreissäge oder am Handoberfräsentisch bearbeitet. Darüber hinaus sorgen sie auch für glattere Schnitte und reduzieren so die notwendigen Schleifarbeiten. Ich bevorzuge Schiebestöcke aus Holz, die gefahrlos vom Sägeblatt zerschnitten werden können. Meist stelle ich gleichzeitig mehrere Exemplare her, die im Laufe der Zeit durch das Hineinschneiden verschlissen werden.

Druckleisten halten Material fest gegen einen Anschlag oder Tisch, sodass die Rückschlaggefahr verringert wird. Sie sind an der Tischkreissäge genauso nützlich wie am Handoberfräsentisch. Mit einer Druckleiste erreicht man glattere Schnitte und maßhaltigere Werkstücke.

Tischeinsätze verhindern, dass dünnes Material neben dem Sägeblatt der Tischkreissäge ins Innere der Maschine fällt. Ab Werk werden Einsätze geliefert, die eine breite Aussparung aufweisen, damit das Sägeblatt gekippt werden kann. Man kann jedoch auch selbst gefertigte Einsätze verwenden, bei denen die Aussparung nicht breiter ist als das betreffende Sägeblatt. Da diese Einsätze auch die Unterseite des zu sägenden Materials besser abstützen, wird zudem die Ausrissgefahr vermindert.

Vorrichtungen aus eigener Herstellung

In diesem Buch, vor allem im Kapitel 3 über Eckverbindungen, finden sich immer wieder verschiedene Vorrichtungen und Hilfskonstruktionen für die Arbeit mit der Tischkreissäge und dem Handoberfräsentisch. Die meisten davon kann man zwar kaufen, sie lassen sich aber auch leicht aus Sperrholz und Reststücken Vollholz herstellen. Die Zeichnungen zeigen die grundlegende Konstruktion und die Abmessungen der Vorrichtungen, so wie ich sie hergestellt habe, aber Sie können beides so abändern, dass es für Ihre eigenen Maschinen passt.

Eine Druckleiste kann man an der Tischkreissäge oder Bandsäge selbst herstellen.

Eng am Sägeblatt geführte Einsätze für die Öffnung im Tisch der Kreissäge gibt es im Zubehörhandel, man kann sie aber auch selbst aus Sperrholz oder Vollholz herstellen. Hinten sieht man einen Spaltkeil, wie sie in Deutschland für Tischkreissägen vorgeschrieben sind. Er verhindert das Klemmen des Materials am Sägeblatt und verringert das Rückschlagrisiko.

TEIL EINS

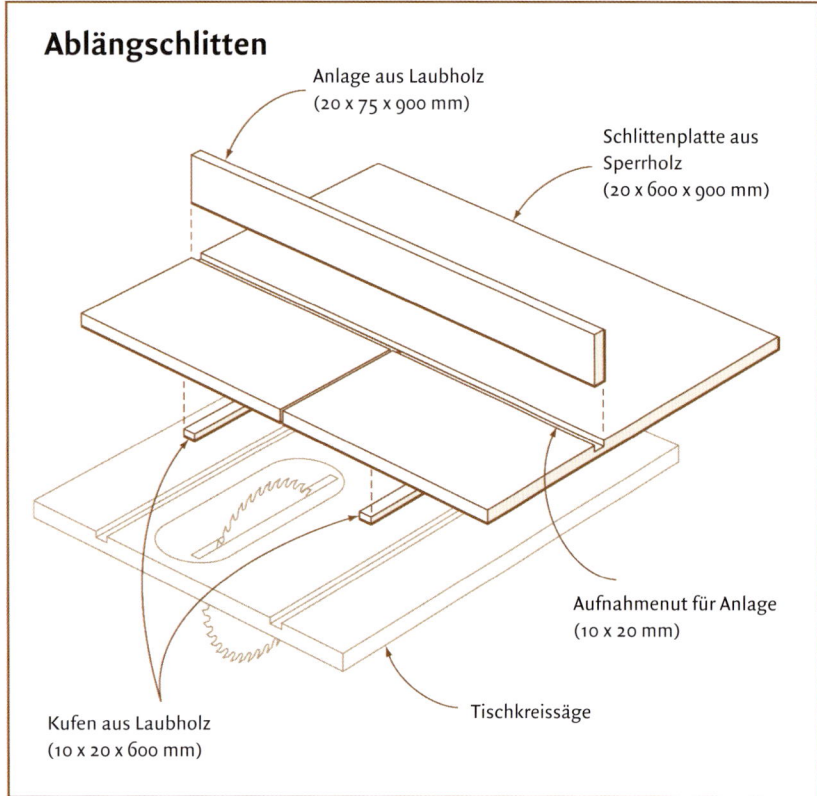

Ablängschlitten
- Anlage aus Laubholz (20 x 75 x 900 mm)
- Schlittenplatte aus Sperrholz (20 x 600 x 900 mm)
- Aufnahmenut für Anlage (10 x 20 mm)
- Tischkreissäge
- Kufen aus Laubholz (10 x 20 x 600 mm)

Ablängschlitten

Ein Ablängschlitten erfüllt die gleiche Aufgabe wie der Queranschlag an einer Tischkreissäge – nur sehr viel besser. Man kann größere Werkstücke damit bearbeiten, und da er in einem Winkel von 90° fixiert ist, muss man den Winkel nicht überprüfen. Darüber hinaus wird der Abstand zwischen Sägeblatt und Auflage minimiert, sodass die Gefahr von Ausrissen an der Unterseite des Materials reduziert wird. Wenn man den Schlitten nach dem Schnitt zurückzieht, trägt er sowohl das Werkstück als auch den Verschnitt mit sich und sorgt so für einen sicheren Abstand zwischen dem Sägeblatt und den eigenen Fingern. An dem eingebauten Anschlag kann man Stoppklötze anbringen, die Serienschnitte ermöglichen.

Die Schlittenplatte wird aus 20-mm-Sperrholz hergestellt. Hobeln Sie aus Ahorn zwei Kufen, die in die Nuten für den Queranschlag im Tisch der Kreissäge passen. Sie sollten auf Passung gearbeitet werden, sodass sie kein seitliches Spiel in den Nuten haben. Mit ein wenig Wachs sorgt man

Beim Fräsen von kleineren Werkstücken erhöht ein solcher Einsatz im Handoberfräsentisch die Sicherheit. Dieser Einsatz mit einer auf den Durchmesser des Fräsers abgestimmten Öffnung dient zum Fräsen von Zapfen an kleinen Teilen.

dafür, dass sie sich leichtgängig darin bewegen. Befestigen Sie eine der Kufen im rechten Winkel zu der Vorder- und Hinterkante an der Grundplatte. Diese Kufe kann von unten an der Grundplatte festgeschraubt werden. Legen Sie dann die Platte mit der Kufe in eine der Nuten des Sägetisches, und schrauben Sie durch die Platte in die zweite Kufe hinein. Achten Sie darauf, dass die Schrauben nicht zu lang sind. Legen die den Schlitten auf den Kreissägetisch, und fahren Sie das laufende Sägeblatt so weit wie möglich nach oben, um in die Platte hineinzuschneiden. Befestigen Sie schließlich mit Schrauben einen Anschlag auf der Grundplatte, der genau im rechten Winkel zum Sägeblatt steht. Stellen Sie sich auf die gleiche Weise einen Schlitten her, bei dem das Sägeblatt um 45° geneigt ist, um Gehrungsschnitte am Hirnholz ausführen zu können.

> **Der Ablängschlitten wird benutzt auf den Seiten 70 und 79.**

Gehrungsschlitten

Ein Gehrungsschlitten wird genauso wie der Ablängschlitten hergestellt, allerdings mit zwei Anschlägen versehen, die jeweils einen Winkel von 45° zum Sägeblatt bilden.

> **Der Gehrungsschlitten wird benutzt auf den Seiten 47 und 58.**

Schlitzschlitten für lose Federn

Mit diesem Schlitten wird ein Kasten gehalten, während man in die auf Gehrung gearbeiteten Eckverbindungen Schlitze schneidet. In diese Schlitze werden dann lose Federn aus einem farblich kontrastierenden Holz eingesetzt, um die Verbindung zu stärken. Wie die anderen Schlitten besteht er aus einer Grundplatte, an der Kufen befestigt sind, die in die Nuten des Kreissägetisches passen. Versehen Sie vier Sperrholzstreifen mit 45°-Fasen an jeweils einer Längskante, und befestigen Sie sie wie auf der Abbildung gezeigt.

> **Der Schlitzschlitten für lose Federn wird benutzt auf den Seiten 48 – 50.**

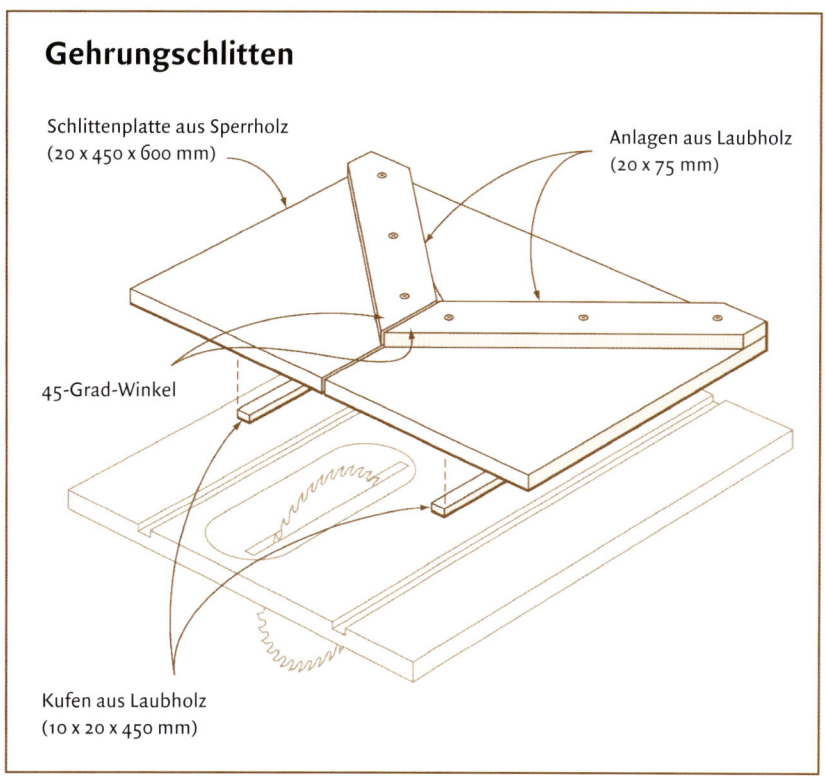

Gehrungschlitten

Schlittenplatte aus Sperrholz (20 x 450 x 600 mm)
Anlagen aus Laubholz (20 x 75 mm)
45-Grad-Winkel
Kufen aus Laubholz (10 x 20 x 450 mm)

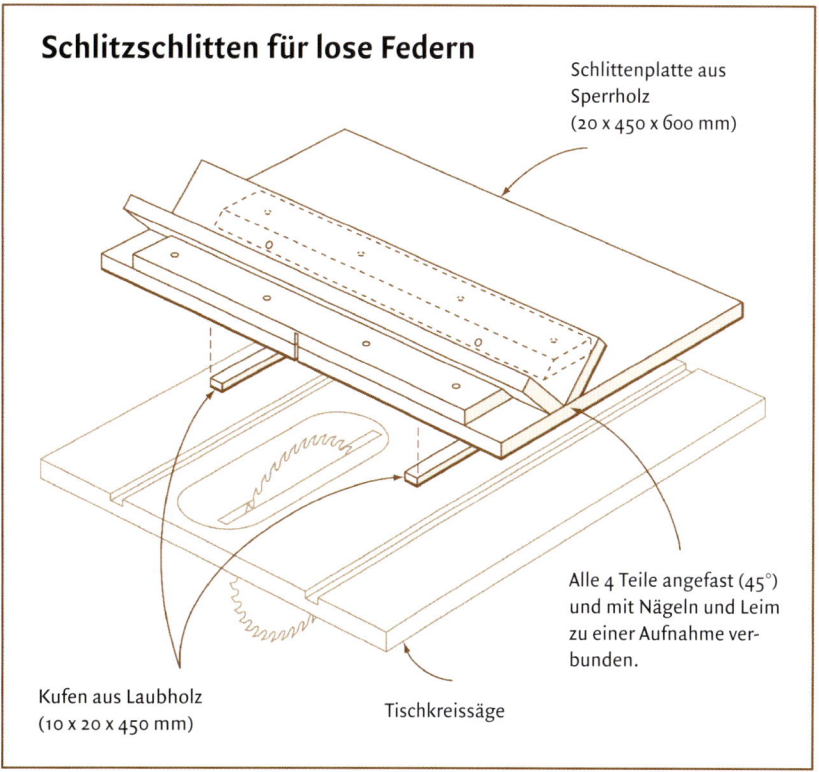

Schlitzschlitten für lose Federn

Schlittenplatte aus Sperrholz (20 x 450 x 600 mm)
Alle 4 Teile angefast (45°) und mit Nägeln und Leim zu einer Aufnahme verbunden.
Kufen aus Laubholz (10 x 20 x 450 mm)
Tischkreissäge

TEIL EINS

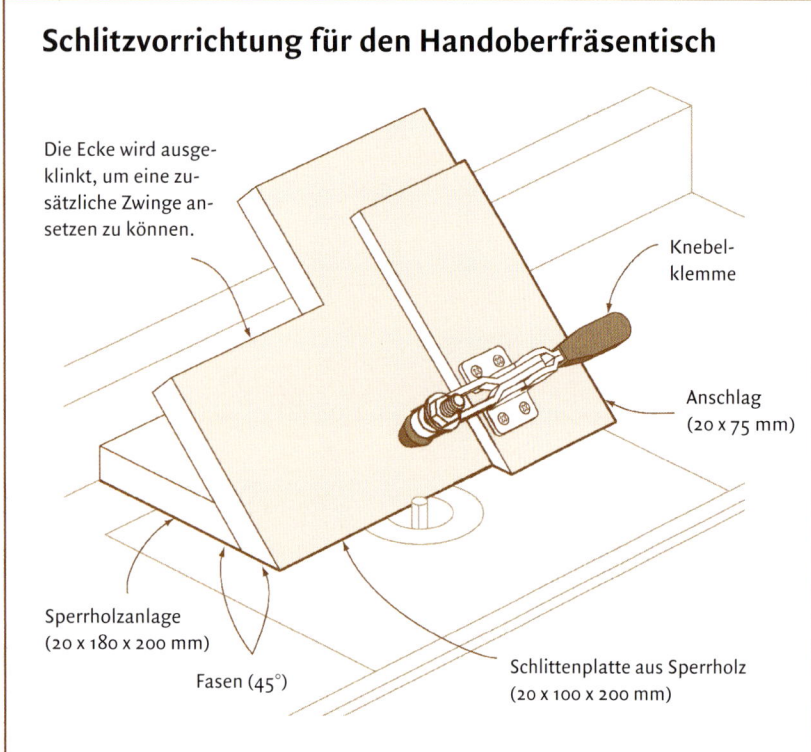

Schlitzvorrichtung für den Handoberfräsentisch

Die Ecke wird ausgeklinkt, um eine zusätzliche Zwinge ansetzen zu können.

Knebelklemme

Anschlag (20 x 75 mm)

Sperrholzanlage (20 x 180 x 200 mm)

Fasen (45°)

Schlittenplatte aus Sperrholz (20 x 100 x 200 mm)

Vorrichtung zum Schneiden von Zapfen an der Tischkreissäge

In die Anlage eingenuteter Anschlag (20 x 75 x 200 mm)

Sperrholzanlage (20 x 200 x 350 mm)

Diese Teile so zuschneiden, dass sie um den Parallelanschlag der Tischkreissäge passen.

Schlitzvorrichtung für den Handoberfräsentisch

Mit dieser Vorrichtung werden Schlitze für Federn in Gehrungsverbindungen geschnitten. Die Schlitze können durchgehend sein, dann ist die Feder sichtbar, oder sie werden abgesetzt, um eine verdeckte Feder zu erhalten. Schneiden Sie an die Sperrholzteile Fasen an, und montieren Sie aus ihnen die Grundkonstruktion. Ich verwende dafür eine Nagelpistole und Leim, da es schwierig ist, die Teile aneinander auszurichten und gleichzeitig zu verschrauben. Bringen Sie den Anschlag im rechten Winkel zur Vorderkante der Vorrichtung an. An der Vorrichtung wird eine Knebelklemme festgeschraubt, um das Werkstück während der Bearbeitung zu halten, eine Zwinge kann die Aufgabe jedoch genauso gut erfüllen.

> **Die Schlitzvorrichtung für den Handoberfräsentisch wird benutzt auf den Seiten 55 – 56 und 102 – 103.**

Vorrichtung zum Schneiden von Zapfen an der Tischkreissäge

Diese Vorrichtung wird auf den Parallelanschlag der Tischkreissäge gesteckt, Sie müssen den dreiseitigen Schlitten also sorgfältig und genau auf die Maße Ihres Parallelanschlags abstimmen. Schneiden Sie in das große Vorderstück des Schlittens eine Nut als Aufnahme für einen senkrechten Anschlag. Befestigen Sie den Anschlag mit Schrauben, aber ohne Leim, da Sie ihn nach einer Zeit des Gebrauchs werden auswechseln müssen.

Das Material

Kleine Stammabschnitte grob zusägen

> Holzzuschnitt mit der Kettensäge und der Bandsäge (S. 24)

Bohlen auftrennen

> Trennen mit der Bandsäge (S. 25)
> Trennen auf der Tischkreissäge (S. 26)

Bretter mit dem Handhobel bearbeiten

> Hobeln einer Fläche (S. 27)
> Abrichten einer Kante (S. 28)

Breitenverleimungen

> Kantenverleimung von Brettern (S. 28)

Schmale Bretter und Furniere herstellen

> Dünnes Material auf der Tischkreissäge schleifen (S. 29)
> An der Trommelschleifmaschine Furniere herstellen (S. 30)

Materialien wie Metall, Glas, Ton und Stein können sich kalt oder heiß anfühlen. Holz fühlt sich jedoch immer genau richtig an, es lädt zum Anfassen ein. Soweit die Geschichte zurückreicht, haben Menschen immer Holz gesammelt und es mit den einfachsten Mitteln bearbeitet, um daraus Gegenstände zu schaffen, die Bedeutung haben und von symbolischer Wichtigkeit sind. Wenn man heute einen Holzkasten herstellt, dann stellt man damit zugleich eine Verbindung zu tief in der Kreativität des Menschen verankerten Elementen her. Das Holz und die Liebe zum Holz sind immer der Antrieb meiner eigenen Arbeit gewesen, sie haben in mir kreative Impulse ausgelöst.

In meiner Zeit als Handwerker bin ich zu der Überzeugung gekommen, dass die Tischlerei eine Form des Erzählens ist. Man beginnt mit dem Holz – frisch eingeschnitten oder abgelagert, als Stammware oder bereits zugeschnitten – und ist ab da an dem gesamten Vorgang des Formens und Herstellens beteiligt. Jeder Holzkasten, den man anfertigt, ist die Geschichte der eigenen Einstellung zum Werkzeug, zu den Techniken und Materialien, aber auch die Geschichte der persönlichen Entwicklung als Handwerker. Andererseits erzählt das Holz aber auch seine eigene Geschichte, die lange vor der Zeit beginnt, in der es in die Hände eines Handwerkers gerät. Diese Geschichte ist in die Holzfasern geschrieben, die man beim Bearbeiten sieht und spürt, die man dann beginnt zu verstehen und die man in seiner Arbeit mit der Stimme der eigenen Erfahrung von Neuem erzählt.

Holzarten

Als Material für Holzkästen eignen sich Nadelhölzer wie Kiefer und Fichte ebenso wie Laubhölzer wie Kirsche und Ahorn. Allerdings bieten die Laubhölzer eine größere Auswahl an Arten, an Farben und Texturen. Laubhölzer werden viel im Möbelbau eingesetzt, da sie sich mit Handwerkzeug und Maschinen hervorragend bearbeiten lassen. Nadelhölzer werden oft als Bauholz verwendet, in der Vergangenheit wurden sie aber auch bei der Herstellung von Holzschachteln aus Bugholz eingesetzt. In diesem Fall wurde das frische, noch biegsame Holz (Grünholz) zum Ausgangsmaterial. Exotische Hölzer sind mit ihren unglaublichen Texturen und Maserbildern im

Ein Kasten aus Nussbaum und Pekannussbaum mit Verzierungen aus Messingdraht und Schilf. Auf den symmetrischen Deckeln entspricht das Loch auf einer Seite der Verfärbung auf der anderen. Echtes Holz ist nicht immer perfekt, aber immer interessant.

Sumpfkiefer (oben) und Rotzeder sind beides Nadelbaumhölzer. Das Holz der Sumpfkiefer ist härter als viele andere Nadelbaumhölzer. Die Rotzeder wird oft als Holz für Kästen verwendet, da es angenehm duftet. Die abgebildeten Proben sind roh beziehungsweise mit Leinöl behandelt.

Holzwerkstoffe wie Sperrholz, Spanplatte und MDF werden häufig als Material für Holzkästen verwendet. Mit biegbarem Sperrholz (hinten) kann man auch gekrümmte Flächen herstellen.

Holzfachhandel zu erhalten, sodass man als Handwerker bei der Herstellung eines Holzkastens über die Hölzer der ganzen Welt verfügen kann.

Neben den Exoten, den Laub- und Nadelhölzern kann man inzwischen auf eine breite Auswahl an Holzwerkstoffen zurückgreifen. Mitteldichte Faserplatte (MDF), Spanplatten, Sperrholz und andere Werkstoffe sind dann nützlich, wenn ihre Stabilität der Konstruktion des Holzkastens oder seiner Lebensdauer entgegenkommt. Man kann diese Materialien bei der Herstellung der Korpus- oder Schubladenböden verwenden, oder sie als Blindholz beim Furnieren oder Bemalen verwenden. Kästen mit gebogenen Flächen lassen sich aus Sperrholz anfertigen, das so hergestellt wurde, dass es in einer Richtung leicht zu biegen ist.

Furniere, die teilweise nur wenige zehntel Millimeter stark sind, eignen sich gut, um das Aussehen und Gefühl von Vollholz zu vermitteln, ohne die Nachteile des ‚Arbeitens' aufzuweisen, die bei Vollholz auftreten, wenn sich der Feuchtegehalt ändert.

Auch furniertes Sperrholz, bei dem eine stabile Unterlage, die nicht den Maßveränderungen von Vollholz unterliegt, mit einem Furnier eigener Wahl bedeckt ist, bietet bei der Herstellung von Holzkästen viele Möglichkeiten. Es wird oft für Deckel in Rahmen-und-Füllung-Konstruktionen verwendet, da man dann die hässlichen Schnittkanten des Sperrholzes verbergen kann. Ich arbeite lieber mit Vollholz, aber die Verwendung von Furnieren stellt keinesfalls die Qualität der

Arbeit infrage. Im Gegenteil, mit Furnieren können sich ganz neue kreative Möglichkeiten eröffnen.

Eigenschaften des Holzes

Holz, sei es nun Laub- oder Nadelholz, besteht aus länglichen Zellen, in denen Wasser und Nährstoffe in die Äste und Blätter transportiert werden, um dort zu Nahrung verwertet zu werden. Diese Zellstruktur verleiht dem Holz seine interessantesten Eigenschaften, sie stellt aber auch die größte Herausforderung für den Holzhandwerker da. Die Struktur des Holzes (die man sich als großes Bündel von Trinkhalmen vorstellen könnte) führt dazu, dass Holz quillt und schwindet, wenn die Zellen bei Veränderungen der Luftfeuchtigkeit Wasser abgeben oder aufnehmen – es arbeitet. Für unerfahrene Handwerker kann dies zu frustrierenden Erlebnissen führen: Man schneidet Teile eines Holzkastens auf Maß zu und stellt eine Woche später bei der Montage des Kastens fest, dass sie nicht mehr passen, dass sie sich verzogen haben oder dass bereits zusammengefügte Verbindungen vom aufgequollenen Holz wieder auseinandergetrieben worden sind.

Wenn man jedoch die Eigenschaften des Holzes versteht, kann man bei der Anfertigung eines Holzkastens das Unvermeidliche einplanen, Verbindungen und Konstruktionsweisen auswählen, die das Arbeiten des Holzes ermöglichen, ohne dass es zu unglücklichen Folgen führt. Die Konstruktion mit Rahmen und Füllung ist dafür ein gutes Beispiel, da sie die Größenveränderungen des Holzes ermöglicht – die Füllung kann sich innerhalb des festen Rahmens frei bewegen.

Das Schwinden und Quellen des Holzes ist besonders deswegen eine Herausforderung, weil Bretter zwar in der Breite arbeiten, aber kaum in der Länge, und zudem die Maßveränderungen in der Breite nicht nur je nach Holzart unterschiedlich sind, sondern sogar innerhalb der gleichen Art sich je nach Herkunft eines Brettes im Baum unterscheiden können. In der Zeichnung oben sind zwei unterschiedliche Maßveränderungen dargestellt – radial und tangential. Das Schwinden und Quellen des Holzes ist in Richtung des

Furniere geben kreativen Spielraum. Mit ihnen kann man seltene und schöne Hölzer in vielen verschiedenen Farben ressourcenschonend einsetzen.

Verantwortungsvoller Umgang mit Holz

Im Gegensatz zu Geld wächst Holz tatsächlich auf Bäumen. Es ist aber dennoch eine nur beschränkt verfügbare natürliche Ressource. Es gibt eine zunehmende Anzahl von Programmen, die sich weltweit darum bemühen, den nachhaltigen Anbau und die nachhaltige Ernte von Holz (FSC) sicherzustellen.
Der **Forest Stewardship Council** ist eine Organisation, die bei ihren Mitgliedsbetrieben kontrolliert, dass strenge Kriterien in Bezug auf die Bewirtschaftung und die nachhaltige Ernte erfüllt werden.

Schwinden und Quellen des Holzes bei Brettern

Die geringsten Maßveränderungen weisen Bretter mit stehenden Jahresringen auf.

Radiale Maßveränderungen finden entlang einer Linie statt, die vom Mittelpunkt des Baumes zur Rinde führt.

Die meisten anderen Bretter weisen eine Mischung aus stehenden und liegenden Jahresringen auf. Je weiter der Ursprungsort des Brettes vom Stammmittelpunkt lag, desto mehr schwindet und quillt es.

Tangentiale Maßveränderungen finden in Richtung des Stammumfangs statt.

Stammumfangs (tangential) größer als in Richtung des Durchmessers (radial).

Riftgeschnittenes Holz weist Jahresringe auf, die im rechten Winkel zur Holzoberfläche verlaufen („stehende Jahresringe'). Es weist die gleichmäßigsten und geringsten Maßveränderungen auf. Bretter, die nahe der Außenseite des Baumes geschnitten wurden, arbeiten am stärksten. Riftgeschnittenes Holz ist wertvoller und kostspieliger als rundgeschnittenes, da die Ausbeute an Schnittholz geringer ist und die Schnittverfahren in der Regel zeitaufwendiger sind und zu mehr Verschnitt führen. Beim Einschnitt eines Stammes fallen meist Bretter mit stehenden Jahresringen als auch solche im Fladerschnitt an. Das Arbeiten eines Holzstückes vorauszusagen ist deshalb schwierig, wenn man nicht die Zeit hat, jedes einzelne Brett genau zu untersuchen.

Ein abschließender Rat: Planen Sie das Arbeiten des Holzes ein, wenn Sie wichtige Maße festlegen, berücksichtigen Sie das Arbeiten bei dem Entwerfen Ihres Werkstückes, und rechnen Sie mit dem Arbeiten als einem der unvermeidbaren Begleitumstände bei der Beschäftigung mit echtem Holz.

Besondere Hölzer

Die Maserung und Farbe des Holzes sind die wichtigsten Merkmale, an Hand derer wir die unterschiedlichen Holzarten unterscheiden. Bei der Herstellung eines Holzkastens bevorzugt man oft ungewöhnliche Maserbilder, die zu einem einzigartig schönen Ergebnis führen können. Vogelaugenmaserungen sieht man meist bei Ahorn, aber auch Kirsche und andere Hölzer können sie aufweisen. Die Maserung entsteht durch eine Vielzahl von Knospen, die sich unter der Rinde bilden. Geriegelte, geperlte und Pommele-Maserungen reflektieren aus unterschiedlichen Richtungen kommendes Licht unterschiedlich und verleihen dem Holz so Tiefenwirkung. Wie bei vielen anderen Eigenarten des Holzes ist es bei der Vogelaugenmaserung oder bei der Riegelung nicht vollkommen klar, weshalb sie entstehen. Bei der Vogelaugenmaserung gibt es jedoch Hinweise, die auf eine Virusinfektion deuten.

Maserknollen sind Wucherungen, die sich an den Stämmen mancher Bäume bilden. Da das Holz der Knollen sehr dicht ist und die Fasern sehr unterschiedlich ausgerichtet sind, ist es meist schwierig zu bearbeiten. Die Knollen sind selten und sehr schön. Es gibt Auseinandersetzungen darüber, dass die Knollen zum Teil auf nicht nachhaltige Weise von lebenden Bäumen entfernt werden. Die schweren Schäden, die dabei den Bäumen zugefügt werden, führen oft dazu, dass der Baum abstirbt oder durch nachfolgenden Insektenbefall schwer geschädigt wird. Rundgeschnittenes Holz zeigt oft breite Fladermaserun-

DAS MATERIAL

Geriegelter Ahorn (oben) und Vogelaugenahorn sind begehrte Hölzer und werden gerne für Holzkästen verwendet.

Maserknollen sind eine Seltenheit. Diese stammt von einer abgestorbenen Ulme. Die Maserknollen sollten nicht von lebenden Bäumen geschnitten werden, da dies oft den Tod des Baumes zur Folge hat.

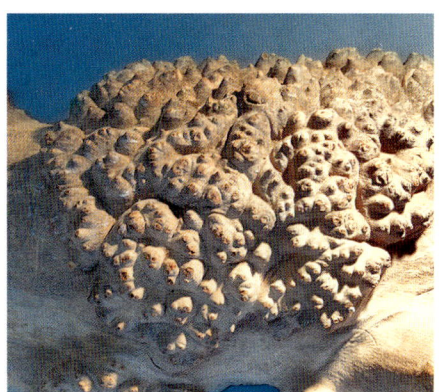

Die Maserknolle ist außen am Baum als Wucherung zu erkennen, die aus einer Vielzahl von Knoten besteht. Die Knolle selbst ist oft genauso schön wie das darunterliegende Holz. Die Rinde an dieser Knolle hatte sich schon am abgestorbenen Baum gelöst, sodass die vielfach gefurchte Oberfläche verwittern konnte.

gen, die nicht in jedem Fall schlicht wirken. Bei der Möbelherstellung stoße ich oft auf Holz, dessen Maserung nicht zum Rest des Werkstücks passt. Die aussagekräftigen Fladerungen können jedoch einen interessanten Deckel für eine Schatulle hergeben. Riftgeschnittenes Holz weist oft Maserungen mit Markstrahlen aus, wie man sie bei der Eiche oder Platane findet. Diese Markstrahlen glänzen im Licht, was das Holz für die Herstellung von Holzkästen sehr begehrt macht. Hinzu kommt, dass riftgeschnittenes Holz maßhaltiger ist, sodass es sich besonders für die Deckel von Kästen eignet.

Amerikanische Roteiche zeigt im Fladerschnitt eine typische Maserung.

Eine weitere von Kästenmachern sehr geschätzte Holzart ist ‚gestocktes' Holz. Das typische Aussehen dieses Holz rührt vom Befall mit Pilzen und Bakterien her. Dabei verfärbt sich das Holz, oft bilden sich zufällig verlaufende dunkle oder schwarze Linien, es können aber auch Gebiete mit unterschiedlicher Härte und Dichte entstehen, die einen bei der Bearbeitung vor große Herausforderungen stellen können. Verstocktes Holz zeigt, dass auch die natürlichen Zersetzungsvorgänge im Holz zu einem ansprechenden Aussehen führen können. Bei der Bearbeitung von solchen versporten Hölzern sollte man eine Atemschutzmaske tragen, um Gesundheitsrisiken zu vermeiden.

Riftgeschnittene Platane zeigt breite Markstrahlen zwischen den Jahresringen. Markstrahlen sind auch ein Kennzeichen riftgeschnittener Eiche.

TEIL ZWEI

‚Gestocktes' Holz entsteht, wenn Pilze und Bakterien im Holz zu hellen und dunklen Mustern und unregelmäßigen schwarzen Linien führen. Wenn der Befall rechtzeitig aufgehalten wird, ist das Holz nach dem Trocknen und der Oberflächenbehandlung dennoch stabil.

Ein ‚gestürztes' Maserbild entsteht, wenn Holz so aufgetrennt wird, wie man die Seiten eines Buches öffnen würde. Die beiden ‚Seiten', die dabei entstehen, zeigen spiegelbildlich die gleiche Maserung, nur durch die Sägefuge entsteht ein kleiner Versatz. Bei diesem Zuckerahorn war das Stürzen naheliegend, da es das dunklere Kernholz gut zur Geltung bringt.

An den Stellen, an denen Äste vom Stamm abgehen, bilden sich dichte, in unterschiedliche Richtungen verlaufende Fasern. Dieses Stück Nussbaum blieb bei einem Möbelstück übrig, bei dem die intensive Maserung nicht passend gewesen wäre.

Bei diesem Stück Kirschholz kann man oben das typische hellere Splintholz erkennen. Bei manchen Hölzern wie Nussbaum und Kirsche ist das Splintholz sehr viel deutlicher zu erkennen als bei den meisten anderen.

An den Stellen, an denen die Hauptäste vom Stamm abgehen, bildet sich Holz mit einem interessanten Maserbild, das als Pyramidenmaserung bezeichnet wird. Am schönsten ist Nussbaumpyramide, aus dem oft sehr ansprechende Furniere hergestellt werden. Das Aussehen des Holzes wird auch dadurch bestimmt, wo es im Baumstamm entstand. Wenn ein Baum älter wird, kann sich in der Mitte des Stammes das sogenannte Kernholz bilden, das dichter und oft intensiver gefärbt ist als das umgebende Holz. Die Mineralien, die zu der stärkeren Färbung führen, machen das Holz auch widerstandsfähiger. Bei vielen Bäumen – Nussbaum und Kirsche zum Beispiel – zeigt sich in den äußeren Bereichen nahe der Rinde ein helleres Holz, das als Splintholz bezeichnet wird. Im Splint werden Nährstoffe und Wasser zwischen den Wurzeln und Blättern transportiert. Beim Möbelbau wird das Splintholz meist gemieden, da es Beizen anders annimmt und weniger dauerhaft ist als Kernholz. An der Übergangszone zwischen Splint- und Kernholz finden sich jedoch manchmal interessante Maserbilder.

Maserbilder

Bei der Herstellung eines Holzkastens werden die Einzelteile oft ‚gestürzt', um eine gleichmäßige Maserung und Färbung aller Teile zu erreichen. Im einfachsten Fall wird dazu ein stärkeres Brett in zwei dünnere aufgetrennt, deren Maserung dann spiegelbildlich ist. Diese Bretter werden dann meist ‚aufgeklappt' nebeneinander angeordnet, wodurch man bei einem Holzkasten gleichartige Teile für Türen oder Deckel erhält. Unterschiedliche sich wiederholende Maserbilder kann man auch erzeugen, indem Bretter oder Furnierblätter Ende an Ende angeordnet werden.

Furniere werden bei der Herstellung meist gemessert und nicht gesägt. Dadurch passt die Maserung der einzelnen Blätter genau zusammen, weil man kein Material durch die Sägefuge verliert. Bei der Herstellung von furniertem Sperrholz und größeren Furnieren werden die einzelnen Blätter meist ‚geschoben', das heißt, sie werden nebeneinandergelegt, ohne dass jeweils ein Blatt wie beim Stürzen gewendet wird. Das ergibt bei schlichten Maserungen ansprechende und eher ruhige Maserbilder. Normalerweise erzielt man bei Vollholz nur mit Glück und sehr viel Experimentieren ein gut zusammenpassendes Maserbild. In der Regel kommt man mit schlichten Maserungen zu den besten Ergebnissen. Zufällig, ohne Rücksicht auf Farbe und Maserung zusammengesetzte Furnierblätter oder Vollholzbretter können dann Verwendung finden, wenn man ein eher rustikales Aussehen anstrebt.

Aushobeln und Abrichten des Holzes

Um vom getrockneten Rohholz zu Material zu gelangen, aus dem man einen Holzkasten herstellen kann, muss man das Holz abrichten und auf Stärke hobeln. Dazu kann man Handwerkzeug oder Maschinen verwenden oder beide Verfahren kombinieren. Ich arbeite meist mit der Abricht- und der Dicktenhobelmaschine, aber für einen Anfänger empfiehlt es sich, diese grundlegenden Arbeitstechniken mit Handwerkzeug zu erlernen, weil man so zu einem besseren Verständnis der Rolle gelangt, die der Faserverlauf des Holzes für die Qualität der Arbeit und die Oberflächengüte spielt. Darüber hinaus kann es vorkommen, dass man breite Bretter abrichten muss, damit sie durch den Dicktenhobel passen – einen Dicktenhobel mit 30 cm Durchlassbreite können sich vielleicht viele Anfänger auf dem Gebiet der Holzbearbeitung noch leisten, aber die hohen Kosten für eine ebenso breite Abrichthobelmaschine dürften für die meisten unerschwinglich sein.

Das Abrichten des Holzes mit Handwerkzeugen, bevor man es maschinell auf Stärke bringt, ist eine Technik, die Profis wie Amateuren zustat-

Wenn man die Bretter nicht in der Länge stürzt, sondern an den Schmalseiten, kann man perfekt ineinander übergehende Seitenteile für einen Holzkasten erhalten.

Bei einem ‚geschobenen' Maserbild werden die Furnierblätter nicht wie die Seiten eines Buches aufgeklappt, sondern einfach nebeneinandergelegt, um ein sich wiederholendes Muster zu erzeugen.

ten kommt. Das Brett wird dazu am besten mit der Bankzange und Bankhaken an der Hobelbank eingespannt, kleinere Teile, wie sie bei der Anfertigung eines Holzkastens benötigt werden, können jedoch auch mit Zwingen an einer einfachen Werkbank befestigt werden.

Das Abrichten der Sichtseite beginne ich immer damit, dass ich den Faserverlauf des Brettes sowohl an der Sichtseite als auch an der Schmalkante untersuche. Wenn man mit dem Hobel Holz bearbeitet, stellt man sehr schnell fest, dass man mit der Faser arbeiten muss, um einen glatten Schnitt zu erzielen. Das gilt für alle anderen Arbeiten auch, ob man sie nun mit Maschinen oder mit Handwerkzeugen ausführt, aber am deut-

TEIL ZWEI

Wenn man nicht über eine Hobelbank mit Vorder- und Hinterzange und Bankhaken verfügt, kann man sich auch mit einer einfachen Werkbank behelfen, an der man das Holz mit Zwingen festspannt, um es mit Handhobeln zu bearbeiten.

Hobeln mit der Faser

Hobeln mit der Faser ergibt eine glatte Holzoberfläche

Hobeln gegen die Faser führt zu Faserausrissen.

Maschinelles Abrichten mit der Faser

Vorschubrichtung

Maschinelles Dickenhobeln mit der Faser

Vorschubrichtung

lichsten wird es beim Hobeln mit der Hand. Die Verwendung des Handhobels lehrt das genaue Betrachten des Holzes, eine Fähigkeit, die auch bei der Arbeit mit Maschinen wichtig ist.

Auftrennen von Vollholz

Bei der Herstellung von Holzkästen ist das Auftrennen von stärkerem Material mit der Tischkreissäge oder Bandsäge eine wichtige Technik. Rohholz ist meist nur in Stärken zu erhalten, die bei unveränderter Verwendung zu Materialverschwendung führen würde. Darüber hinaus kann man durch das Auftrennen dem Material Proportionen verleihen, die besser zur Größe des Kastens passen. Ohne diese Möglichkeit würden die Kästen unproportioniert wirken und unverhältnismäßig schwer werden. Durch das Auftrennen kann man kleine Bretter herstellen, die unterschiedliche Maserbilder zeigen, und so die Maserung am besten zur Geltung bringen.

Schmale Bretter lassen sich leicht und sicher an der Tischkreissäge auftrennen, aber auch breiteres Material lässt sich damit auftrennen, wenn man von beiden Kanten des Brettes her einsägt und es dabei so umdreht, dass jeweils die gleiche Fläche am Parallelanschlag zu liegen kommt. Seine Grenzen findet dieses Verfahren lediglich in der Höhe des Sägeblattes und in der Leistung des Motors. Ich verwende beim Auftrennen an der Tischkreissäge ein dünnes Sägeblatt, weil es zum einen weniger des kostbaren Holzes zu Sägespänen verarbeitet und zum anderen meiner eher schwachbrüstigen Tischkreissäge weniger Leistung abverlangt und ihre Schnittgeschwindigkeit nicht verringert.

Auf Stärke kann das dünne Material dann mit dem Hobel an der Hobelbank gebracht werden, man kann es mit dem Dickenhobel bearbeiten, mit einem Trommelschleifer oder mit einer Schleifscheibe an der Tischkreissäge. Jedes dieser Verfahren hat Vor- und Nachteile und eignet sich jeweils für bestimmte Aufgaben. Die Arbeit mit dem Handhobel ist am zeitaufwendigsten und erfordert besonders hohen Einsatz in Bezug auf das Erlernen der Technik und das Instandhalten der Werkzeuge. Wenn man jedoch die Arbeit mit Holz

DAS MATERIAL

Der Dickenhobel ist das effizienteste Werkzeug, um Holz für die Herstellung eines Holzkastens vorzubereiten. Allerdings ist die Maschine laut und muss bei regelmäßigem Einsatz mit einem Staubabsaugsystem versehen sein.

Das Material für Fachunterteilungen und andere Kleinteile kann mit einer Schleifscheibe an der Tischkreissäge auf Stärke gebracht werden. Pro Arbeitsgang lässt sich nur wenig Material entfernen, zudem ist eine Staubabsauganlage erforderlich.

Bei kleinen Kästen verwende ich dunkel gebeiztes Schilf als Kontrastelement. Bei meinen „Winterwood"-Kästen versuche ich so, den taktilen Eindruck eines dünnen Astes im Winter zu erwecken.

Bei diesem kleinen Kasten habe ich ein kleines, im Wald gefundenes Holzstück als Dekoration verwendet. Die Messingstifte wurden poliert und lackiert, um ihren Glanz dauerhaft zu machen, und dann mit Epoxidkleber in Bohrungen eingeklebt.

als Ausgleich für die Belastungen des Berufes betrachtet, kann die Arbeit mit Handwerkzeugen am entspannendsten und befriedigsten sein.

Der Dickenhobel ist eine der lautesten Maschinen in der Holzwerkstatt, aber er ist auch ein außerordentlich effektives Hilfsmittel, um Bretter auf einheitliche Stärke zu bringen. Die Arbeit mit der Trommelschleifmaschine ist sehr staubträchtig, auch wenn man eine Absauganlage installiert hat, und kann nicht als Ersatz für den Dickenhobel betrachtet werden. Ihr Einsatz ist jedoch bei Hölzern mit wildem Faserverlauf – Maserknollen, Vogelaugenahorn und geriegelte Hölzer – zu empfehlen, da der gegenläufige Faserverlauf bei der Verwendung des Dickenhobels leicht zu Faserausrissen führen kann. Sehr dünnes Material kann im Dickenhobel Probleme bereiten, da es sich wölben und zum Hobelmesser hin heben kann, was häufig zur vollkommenen Zerstörung des Holzes führt. Mit der Trommelschleifmaschine lassen sich auch dünnere Bretter bearbeiten. Um kleine Teile für Trennwände und Tabletts herzustellen, schneide ich das Material oft an der Kreissäge auf Maß und verwende dann eine Schleifscheibe an der Tischkreissäge, um es auf Stärke zu bringen. Auf diese Weise lässt sich die gewünschte Stärke sehr genau und gleichmäßig erzielen.

Andere Materialien

Kästen lassen sich nicht nur aus Holz herstellen. Andere Werkstoffe können als Kontrast für die sorgfältig bearbeiteten Teile aus Holz dienen. Raue und grobe Oberflächen können einen Kontrapunkt für feine und zierliche Elemente bilden. Ein Holzkasten lädt dazu ein, mit natürlichen und künstlichen Materialien verziert zu werden. Wenn man Fundstücke verarbeitet, kann der Kasten als Erinnerung an eine bestimmte Zeit oder ein besonderes Ereignis dienen und so die eigene Kreativität zum Ausdruck bringen.

Holzzuschnitt mit der Kettensäge und der Bandsäge

Ich erhielt dieses Holz von einem Freund, der ein Serviceunternehmen für Baumpflege betreibt. Es sollte als Rohmaterial für meine Schüler an der Schule dienen. Ich begann den Zuschnitt, indem ich den Stamm mit der Kettensäge in der Mitte auftrennte. Um den Stamm dabei zu stützen und unter ihm Freiraum für die Kettensäge zu erhalten, wurde er auf mehrere kleinere Stammabschnitte gelegt. Man kann die vorgesehene Schnittlinie mit Kreide kennzeichnen **(A)**. Wenn man den Stamm grob in Viertel unterteilt, erhält man zwei Flächen, die an der Bandsäge als Anlage dienen können. Die Arbeit mit der Kettensäge erfordert einige Erfahrung. Es geht jedoch nicht darum, perfekte Ergebnisse zu erzielen, sondern nur um den ersten Schritt bei der preiswerten Erzeugung von Schnittholz **(B)**. Ich verarbeite Stammabschnitte von höchstens 1 m Länge, um nicht übermäßig schwere Holzstücke handhaben zu müssen.

Als Nächstes werden an der Bandsäge Bohlen vom Stamm abgeschnitten. Dabei wird der Stamm hinter der Bandsäge von einem Rollenbock abgestützt **(C)**. Die Bandsäge hatte in diesem Fall einen runden Metallzapfen, der für das Auftrennen von Material am Anschlag befestigt wird, so kann man das Material im genau richtigen Winkel dem Sägeblatt zuführen. Ein solcher Zusatzanschlag eignet sich besonders für das Zusägen von roh zugeschnittenem Holz an der Bandsäge, da die raue Oberfläche, die von der Kettensäge hinterlassen wird, dazu führen kann, dass das Holz verklemmt, wenn man den normalen Anschlag verwendet. Wenn man sich dem Ende des Schnitts nähert, tritt man hinter die Bandsäge und zieht den Stamm bis zum Ende hindurch **(D)**. Das zugeschnittene Holz wird dann mit Stapelleisten zum Trocknen aufgestapelt **(E)**.

Trennen mit der Bandsäge

Die Bandsäge ist ein gutes Werkzeug für das effektive Auftrennen von Holz, um dünnes Material für die Herstellung von Holzkästen zu erhalten. Für das Auftrennen sind Sägeblätter mit weitem Zahngrund am besten geeignet. Ein breites Blatt funktioniert besser als ein schmales, aber für Material bis zu einer Breite von 100 – 125 mm kann man auch ein Blatt mit einer Breite von 10 mm verwenden. Ich verwende Blätter mit gehärteten Zahnspitzen, da sie eine längere Standzeit haben.

Da Bandsägeblätter dazu neigen, von der Schnittlinie nach links oder rechts abzuwandern, anstatt genau parallel zum Anschlag zu bleiben, kann es nützlich sein, selbst einen Anschlag anzufertigen, der den mitgelieferten ersetzt und sich mit größerem Spielraum verstellen lässt **(B)**. Um den Anschlag einzustellen, reißt man auf einem Stück Restholz eine Linie an und schneidet freihändig an ihr entlang. Anhand des Schnitts kann man feststellen, in welche Richtung und wie stark das Blatt abgewandert ist. Dann wird der Anschlag auf etwa den gleichen Winkel eingestellt. Wenn das Sägeblatt das Holz vom Anschlag fortzuziehen scheint und man Kraft aufwenden muss, um es am Anschlag zu halten, dreht man den Anschlag im Uhrzeigersinn. Wenn das Holz dazu neigt, am Anschlag zu klemmen, wird der Anschlag entgegen dem Uhrzeigersinn gedreht **(C)**. Führen Sie das Holz fest am Anschlag entlang und langsam auf das Sägeblatt zu. **(D)**

Trennen auf der Tischkreissäge

Obwohl die Bandsäge oft meine erste Wahl ist, wenn es darum geht, ein Brett aufzutrennen, ist die Tischkreissäge doch eine gute Alternative, vorausgesetzt man berücksichtigt bestimmte Sicherheitsmaßnahmen. Einen derart tiefen Schnitt auszuführen, kann einschüchternd sein, man muss also mit Umsicht arbeiten. Es ist wichtig, mit mindestens einer ebenen Seite und zwei dazu rechtwinklig abgerichteten Kanten zu beginnen; die Seite wird während des Schnitts am Parallelanschlag geführt, die Kanten liegen jeweils auf dem Tisch. Beim Auftrennen sollte man einen Spaltkeil und einen Tischeinsatz mit geringem Zwischenraum verwenden. Mit einem dünnen Sägeblatt kann man die Verschnittmenge und die notwendige Motorleistung gering halten. Dies zahlt sich besonders bei Tischkreissägen mit eher unterdimensionierten Motoren aus.

Befestigen Sie mit einer Zwinge eine Druckleiste am Tisch der Kreissäge, um mehr Kontrolle über das Brett zu erhalten und die Rückschlaggefahr zu verringern **(A)**. Heben Sie das Sägeblatt bis zur Mitte des Brettes an, und führen Sie dann den ersten Schnitt aus. Drehen Sie dann das Brett für den zweiten Schnitt um **(B)**, dabei muss die gleiche Seite am Anschlag angelegt werden. Derart aufgetrenntes Material kann für gestürzte Rahmenfüllungen oder für symmetrische Kastenseiten verwendet werden **(C)**.

VARIANTE: Um Material aufzutrennen, das zu breit für Ihre Tischkreissäge ist, führen Sie wie gezeigt zwei tiefe Schnitte an der Tischkreissäge aus und führen den Schnitt dann mit der Bandsäge, einer normalen Handsäge oder einer japanischen Ryoba-Säge zu Ende.

BRETTER MIT DEM HANDHOBEL BEARBEITEN

Hobeln einer Fläche

Auch wenn Sie über einen Abrichthobel oder einen Dickenhobel (oder beide) verfügen, lohnt es sich, mit dem grundlegenden Verfahren des Hobelns einer Brettseite vertraut zu sein. Zuerst wird das Brett an der Hobelbank zwischen der Zange und einem Bankhaken eingespannt **(A)**. Falls Sie keine Hobelbank besitzen, können Sie das Werkstück mit Zwingen und Zulagen fixieren. Kontrollieren Sie das Brett mit Richtleisten auf Verwerfungen. In der Abbildung ist eindeutig zu erkennen, dass das Holz verzogen ist, da die beiden Richtleisten nicht parallel zueinander verlaufen **(B)**. Hobeln Sie die höher stehenden Stellen ab, und kontrollieren Sie wiederum anhand der Richtleisten. Ich benutze einen Stanley-Hobel Nr. 5 **(C)**.

Wenn die Richtleisten parallel sind, ist die Verwerfung entfernt **(D)**. Kontrollieren Sie dann mit einem Richtscheit die gesamte Fläche auf Ebenheit. In diesem Fall ist das Brett in der Mitte tiefer, also müssen die Enden weiter gehobelt werden **(E)**. Entfernen Sie mit dem Hobel an beiden Enden weiteres Material, um die höher liegenden Stellen einzuebnen **(F)**.

Bei widrigem Faserverlauf muss man manchmal von beiden Enden des Brettes hobeln, um Faserausrisse zu vermeiden. Wenn man eine Seite eines Brettes abrichtet, um es anschließend mit dem Dickenhobel weiter zu bearbeiten, ist eine vollkommen glatte Oberfläche nicht unbedingt notwendig. Einige raue Stellen beeinträchtigen die Ebenheit der Fläche nicht unbedingt, und wenn man über einen Dickenhobel verfügt, sollte man die mit der Hand gehobelte Seite sowieso auch mit der Maschine bearbeiten **(G)**. Überprüfen Sie während der Arbeit Ihre Fortschritte mit den Richtleisten und dem Richtscheit. Wenn das Richtscheit auf der gesamten Länge des Bretts auf dem Holz aufliegt, ist die Arbeit beendet.(H) Falls Sie die zweite Seite des Brettes ebenfalls mit der Hand abrichten wollen, gehen Sie genauso vor wie bei der ersten Seite. Allerdings müssen Sie in diesem Fall an allen Kanten die Endstärke anreißen und dann auf dieses Maß aushobeln.

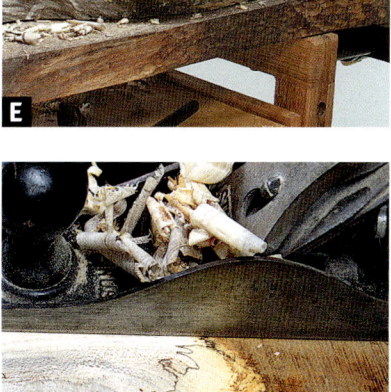

Abrichten einer Kante

Die Kante eines Brettes lässt sich am leichtesten mit einer Abrichthobelmaschine abrichten **(A)**. Die Arbeit kann jedoch auch mit der Hand ausgeführt werden, was wesentlich einfacher ist, als ein Anfänger vielleicht denken mag. Das Brett wird dabei am besten in der Bankzange einer guten Hobelbank eingespannt, zur Not kann man es aber auch mit Zwingen an der Kante einer Werkbank befestigen. Am geeignetesten für diese Arbeit ist ein sehr langer Hobel, eine sogenannte Raubank, man kann aber auch einen kürzeren Hobel verwenden **(B)**. Visieren Sie am Brett entlang, um höher und tiefer liegende Stellen festzustellen. Kontrollieren Sie während der Arbeit mit einem Winkel die Kante auf Rechtwinkligkeit **(C)**.

Kantenverleimung von Brettern

Bei der Herstellung eines Holzkastens ist es oft notwendig, aus schmaleren Brettern ein breites zu verleimen. Gut verleimte Breitenverbindungen sind genauso belastbar wie das Holz selbst, allerdings müssen die zu verleimenden Kanten sorgfältig bearbeitet werden, damit man eine gute Leimfläche erhält. Um das Arbeiten des Holzes in Grenzen zu halten, wechsele ich die Ausrichtung des Faserverlaufs ab. Markieren Sie dazu die der Außenseite des Stammes zugewandte Seite des Bretts mit einem X und die dem Inneren zugewandte Seite mit einem O, bevor Sie die Bretter zum Verleimen zurechtlegen. In der Abbildung ist der Verlauf der Jahresringe am Hirnholz markiert **(A)**. Geben Sie auf beide zu verleimende Kanten sparsam Leim an. Spannen Sie die Bretter mit Zwingen zusammen, und stellen Sie sicher, dass das Ganze vollkommen eben ist **(B)**.

SCHMALE BRETTER UND FURNIERE HERSTELLEN

Dünnes Material auf der Tischkreissäge schleifen

Ich muss bei meiner Arbeit oft dünnes Material auf eine bestimmte Stärke bringen, um daraus Tabletts, Schubladen und Unterteilungen für die Innenausstattung von Holzkästen herzustellen. Diese Arbeit lässt sich gut und genau mit einer Schleifscheibe für die Tischkreissäge ausführen. Trennen Sie das Material zuerst mit der Bandsäge (S. 25) oder der Tischkreissäge (S. 26) auf, und bringen Sie es dann mit der Schleifscheibe an der Tischkreissäge auf das Endmaß. Ich verwende dazu selbstklebende Schleifbänder der Körnung 120, die ich in der Mitte mit einem Loch für die Befestigung der Schleifscheibe versehe. Schieben Sie das Material zügig zwischen Parallelanschlag und Schleifscheibe hindurch **(B)**. Die Arbeit mit einer Schleifscheibe ist zwar nicht so gefährlich wie mit einem Kreissägeblatt, zur Sicherheit kann man dennoch einen Schiebestock verwenden. Ziehen Sie das Material am Schluss von hinten heraus, oder drücken Sie auf das bereits geschliffene Ende, um das andere Ende zwischen Anschlag und Schleifscheibe herauszuheben.**(C)**

TEIL ZWEI — SCHMALE BRETTER UND FURNIERE HERSTELLEN

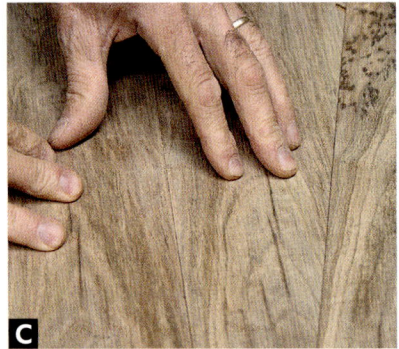
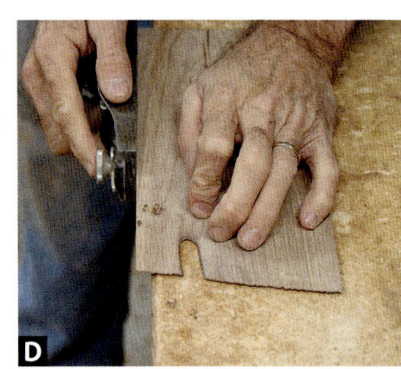

An der Trommelschleifmaschine Furniere herstellen

Man kann mit der Bandsäge und der Trommelschleifmaschine oder dem Dickenhobel relativ leicht aus Vollholz Furniere herstellen. Mit dem Dickenhobel ist die erreichbare Stärke jedoch nicht so gering wie mit der Trommelschleifmaschine. Die Trommelschleifmaschine ist zwar keine sehr weit verbreitete Maschine für die Holzbearbeitung, aber sie ist bei der Herstellung von Holzkästen sehr nützlich und wird immer häufiger verwendet.

Trennen Sie zuerst das Material an der Bandsäge so auf, dass die Stärke etwa 1,5 mm größer ist als die angestrebte Endstärke **(A)**. Benutzen Sie einen Zusatzanschlag, der sich auf die Neigung zum Abwandern des Bandsägeblatts einstellen lässt.

> Vgl. „Trennen mit der Bandsäge", S. 25

Um das Furnierblatt durch die Trommelschleifmaschine zu transportieren, wird es auf ein Unterlagebrett gelegt, damit es nahe an die Schleiftrommel gebracht werden kann, ohne das Förderband zu beschädigen. (Dieses Verfahren kann man auch mit dem Dickenhobel anwenden.

Allerdings lassen sich mit diesem keine Furniere von geringerer Stärke als etwa 3 mm herstellen, während man mit der Trommelschleifmaschine bis auf etwa 1,5 mm hinunterschleifen kann.) Überprüfen Sie die Furnierblätter, und stellen Sie sie zu einem gefälligen Maserbild zusammen. Schneiden Sie die Blätter mit etwas Übermaß auf Länge und richten Sie mit dem Hobel die Kanten ab. Ich halte jeweils zwei Blätter zusammen und bearbeite sie gleichzeitig mit dem Hobel **(D)**. Bei den Vorbereitungen zum Verleimen muss die Passung der Kanten überprüft werden. In diesem Fall war es auch notwendig, die Blätter etwas gegeneinander zu verschieben, um das bestmögliche Maserbild zu erreichen. Die Furnierblätter sind zu dünn, um sie in der Breite zu verleimen. Sie werden stattdessen mit Klebeband aneinander befestigt, bis sie auf einem Kasten aufgeleimt werden können. **(F)**

TEIL DREI — DIE VERBINDUNGEN

Die Verbindungen

Holzkästen gibt es in jeder vorstellbaren Form, auch vollkommen frei gestaltete und runde Exemplare kommen vor. Die meisten Kästen sind jedoch rechteckig und haben Ecken, an denen Holzteile so zusammengefügt werden müssen, dass die Verbindung dem normalen Gebrauch standhält, aber auch gelegentlichen Missbrauch und den Belastungen durch das Arbeiten des Holzes widerstehen kann. Man kann einen Holzkasten zwar auch als voraussetzungsfreie kreative Übung gestalten, aber die meisten Holzhandwerker möchten in ihren Arbeiten die Qualität ihre Handwerkskunst unter Beweis stellen, und dafür gibt es kaum eine bessere Gelegenheit als bei den Eckverbindungen eines Holzkastens.

Man kann Holzverbindungen mit Schrauben oder Nägeln herstellen. Eine solche Verbindung kann zusätzlich mit Leim verstärkt werden. Komplexere Verbindungen wie Schlitz-und-Zapfen, Schwalbenschwanzzinkungen und Fingerzinken können allein mit Leim ausgeführt werden. Eine genagelte oder geschraubte Verbindung kann Robustheit oder Spontaneität zum Ausdruck bringen, die in einer feineren Verbindung vielleicht nicht so zu erkennen ist. Eine Schwalbenschwanzzinkung oder Fingerzinken können auf das Qualitätsbewusstsein des Handwerkers und auf sein handwerkliches Können verweisen. Der aufmerksame Betrachter findet Schönheit und Zweckmäßigkeit in der Vielzahl von Eckverbindungen, die bei Holzkästen eingesetzt werden können.

Gefälzte Verbindungen

Bei sehr kleinen Kästen kann eine einfache geleimte Verbindung auf Stoß lange Zeit halten. Bei größeren Stücken muss eine solche Verbindung zusätzlich gesichert werden, da das wiederholte Quellen und Schwinden der Bestandteile die Verbindung auf Dauer schwächt. Stoßverbindungen lassen sich gut mechanisch mit Nägeln, Schrauben oder Metallbändern sichern. Auch eingeleim-

Gestoßene und gefälzte Verbindungen

> Genagelte Verbindung auf Stoß (S. 44)
> Gefälzte Verbindung an der Tischkreissäge (S. 45)
> Gespundete Verbindung (S. 46)

Verbindungen auf Gehrung

> Gehrungen mit dem Gehrungsschlitten an der Tischkreissäge schneiden (S. 47)
> Gehrungsverbindung mit eingeleimter Furnierfeder (S. 48)
> Gehrungsverbindung mit eingeleimten Federn an der Tischkreissäge (S. 49)
> Gehrungsverbindung mit eingeleimten Federn auf dem Handoberfräsentisch (S. 50)
> Gehrungsverbindung mit versteckter Feder (S. 51)
> Gefälzte Gehrungsverbindung (S. 53)

Schlitz-und-Zapfen-Verbindungen

> Schlitz-und-Zapfen-Verbindungen an kleinen Holzkästen (S. 55)
> Schlitz-und-Zapfen-Verbindungen an großen Holzkästen (S. 57)

Fingerzinken

> Fingerzinken an der Tischkreissäge (S. 59)
> Fingerzinken am Handoberfräsentisch (S. 61)
> Auf Gehrung abgesetzte Fingerzinken (S. 62)

Schwalbenschwanzzinkungen

> Schwalbenschwanzzinkung an der Tischkreissäge (S. 63)
> Offene Schwalbenschwanzzinkung mit dem Zinkenfräsgerät (S. 65)
> Halbverdeckte Schwalbenschwanzzinkung mit dem Zinkenfräsgerät (S. 65)
> Handgearbeitete Schwalbenschwanzzinkung (S. 66)
> Auf Gehrung abgesetzte Schwalbenschwanzzinkung (S. 67)

TEIL DREI

Die Ecken dieses Rezeptkastens aus Robinie sind mit Fingerzinken verbunden. Der kräftige Kontrast zwischen dem Hirn- und dem Längsholz ist nicht nur dekorativ, sondern auch ein Merkmal dauerhafter Qualität.

Dieser kleine Kasten aus Nussbaum und Chinkapin-Eiche (Quercus muehlenbergi) wurde mit kleinen Schlitz-und-Zapfen-Verbindungen und Nuten für die versteckte Schublade und den Boden konstruiert. Die Eckverbindungen sind erst bei genauem Betrachten zu erkennen.

Sehr kleine Kästen können einfach auf Stoß verleimt werden und dennoch sehr lange halten, wenn sie nicht überstrapaziert werden. Der kleinere Kasten links ist nur 100 mm lang.

te Formfedern verstärken die Verbindung, zudem machen sie die Montage leichter. Die Montage der Verbindung wird auch durch die Verwendung von Dübeln erleichtert, man kann Dübel jedoch auch nachträglich anbringen und sie dann bündig schleifen oder als Zierelement über die Oberfläche hochstehen lassen. Oft beschleunigen solche mechanischen Verstärkungen auch die Herstellung der Verbindung, da die Notwendigkeit entfällt, die Teile beim Verleimen einzuspannen. Ein Beispiel dafür sind Drahtstifte, die mit einer Nagelpistole gesetzt werden. Dieses Verfahren eignet sich besser für gestoßene Verbindungen als für Gehrungsverbindungen, die sich während des Nagelns nur schlecht fixieren lassen.

Zu den Abwandlungen der Verbindung auf Stoß gehört die gefälzte Verbindung, durch die die Leimfläche vergrößert und die Montage erleichtert wird, da die Verbindung formschlüssig hergestellt wird. Wie die einfache Stoßverbindung muss die gefälzte Verbindung bei größeren Kästen zusätzlich mechanisch gesichert werden, indem man Nägel, Schrauben oder Metallbänder anbringt. Ein großer Vorteil der Verbindung mit Falz ist die Tatsache, dass man so die Nuten verbergen kann, die in den Seitenteilen als Aufnahme für den Deckel und Boden der Schachtel dienen. Eine Abwandlung der gefälzten Verbindung ist die gespundete Verbindung, die auch bei der Herstellung von kleinen Schubladen nützlich ist. Bei dieser Verbindung wird ein Teil mit einem tieferen Falz versehen, sodass eine Feder stehen bleibt, während das andere Teil mit einer Nut als Aufnahme für die Feder versehen wird. Man erhält so eine formschlüssige Verbindung, die zudem mehr Leimfläche bietet als der einfache Falz.

Gehrungsverbindungen

Gehrungsverbindungen sind bei der Anfertigung von Holzkästen besonders nützlich. Sie sind relativ einfach zu schneiden und zu montieren, und man kann die Deckel und Böden der Kästen in verborgenen Nuten fassen. Außerdem kann man auf der Oberkante des Kastens dekorative Einlegearbeiten anbringen und die Maserung des Holzes um den ganzen Kasten herumlaufen lassen.

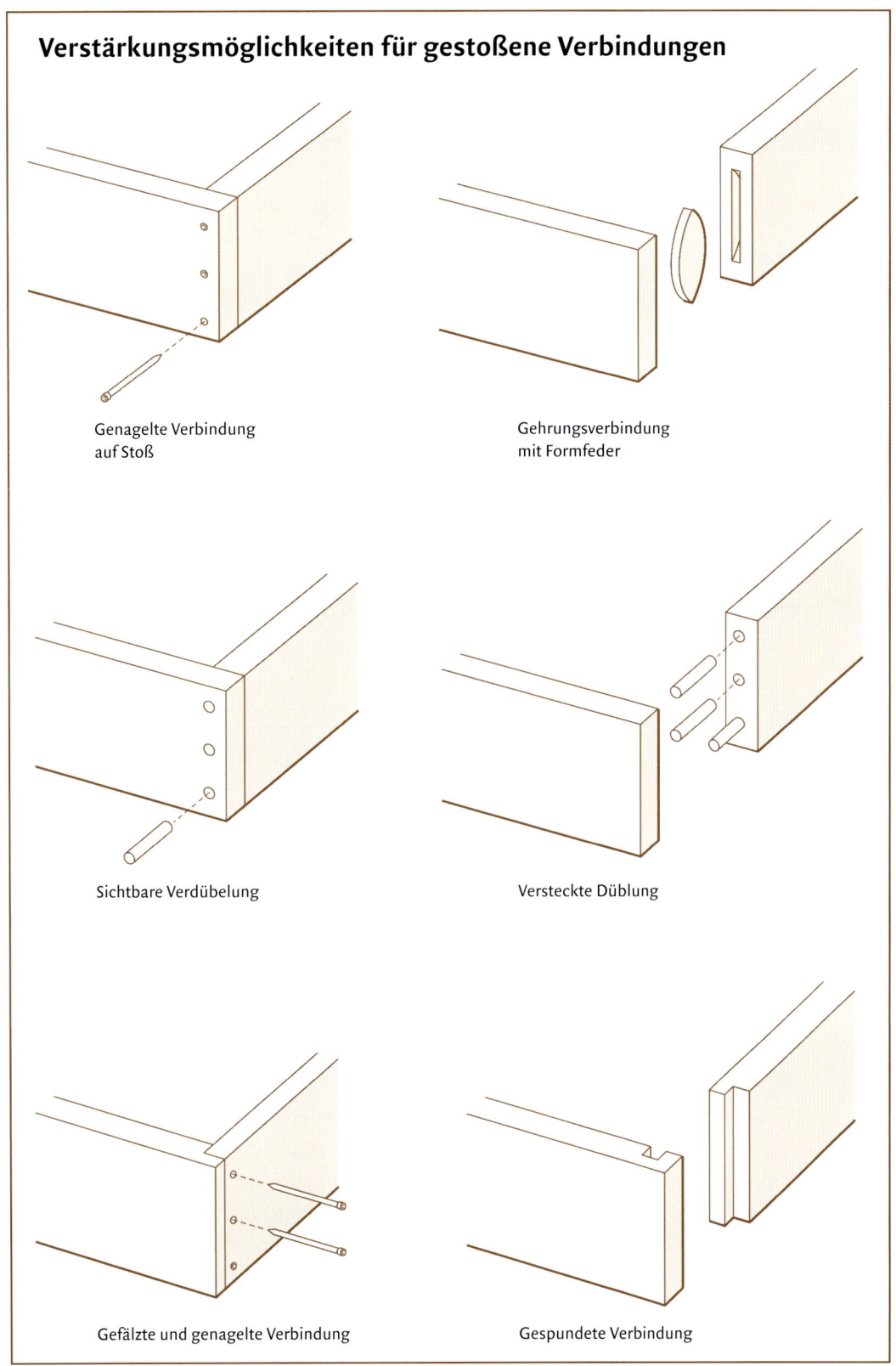

TEIL DREI

Die gefälzte Verbindung bietet eine größere Leimfläche und ist leichter zusammenzufügen, da sie formschlüssig ist. Sie verdeckt zudem die Nuten, in die Deckel und Böden gelagert werden.

Die gespundete Verbindung ist sehr gut für kleine Schubladen geeignet. Sie kann genauso schnell geschnitten werden wie ein Falz, ist aber belastbarer und leichter zusammenzubauen.

Bei einer Verbindung auf Gehrung kann die Oberkante des Kastens mit Einlegearbeiten verziert werden. Dieser Kasten aus Sassafras wurde so aus einem einzigen Brett geschnitten, dass die Maserung um die Seiten herumläuft. Die Einlegearbeit besteht aus Kirsch- und Ahornholz.

Bei einer Verbindung auf Gehrung sollte der Winkel mit einem Gehrungs- oder Kombinationswinkel überprüft werden. Wenn man ein Probestück anfertigt, ist man gegen Fehler bei dem guten Material für den Kasten gefeit.

Ich schneide Gehrungen meist mit einem Gehrungsanschlag an der Tischkreissäge oder mit schräg gestelltem Sägeblatt am Queranschlag. Mit dem Queranschlag ist es leichter, auch breiteres Material zu sägen, seine Verwendung setzt jedoch voraus, dass sich das Sägeblatt auf 45° neigen lässt. Bei beiden Verfahren kann man Stoppklötze verwenden, um mehrere Teile mit gleicher Länge zu schneiden. Oft fallen die Ecken eines Kastens nicht rechtwinklig aus, nicht weil der Winkel falsch geschnitten wurde, sondern weil zwei gegenüberliegende Seiten nicht genau gleich lang sind. Gewöhnen Sie sich an, Ihre Gehrungsschnitte mit dem Gehrungswinkel oder Kombinationswinkel zu überprüfen, verlassen Sie sich nicht auf die Winkelanzeigen der Anschläge an Ihrer Kreissäge.

Da die Leimfläche der Gehrungsverbindung aus schräg angeschnittenem Hirnholz besteht, ist die Leimhaftung eingeschränkt. Es gibt zahlreiche Methoden, die Verbindung zu verstärken, manche von ihnen versteckt, manche offen und dekorativ gestaltet. Versteckte Dübel, lose Federn und Formfedern machen die Montage schwieriger.

DIE VERBINDUNGEN

Offenliegende Federn werden nach der Montage angebracht. Eine meine bevorzugten Verbindungen ist die gefederte Gehrung, mit der die Leimfläche der Verbindung deutlich vergrößert wird und die sich leicht mit einer entsprechenden Vorrichtung am Handoberfräsentisch schneiden lässt.

Mit der Handoberfräse lässt sich auch eine gefälzte Gehrung schneiden, die alle guten Eigenschaften der einfachen Gehrung aufweist, sich aber leichter, mit weniger Zwingen montieren lässt und zusätzliche Leimfläche bietet, was die Verbindung stabiler macht. Allerdings benötigt man dazu einen besonderen Fräser und muss die Verbindung an dem Handoberfräsentisch schneiden.

Fingerzinken

Fingerzinken gelten als Zeichen hochwertiger Holzkästen. Sie wurden populär, als man begann, Zigarren in Holzkästen zu verpacken.

> **Mehr über das Schneiden von Zapfen an der Kreissäge finden Sie im Abschnitt „Schlitz-und-Zapfen-Verbindungen für Deckel mit Rahmen" auf S. 78**

Die Qualität des Holzkastens sollte auch etwas über die Qualität der Zigarren aussagen. Fingerzinken werden meist auf dem Handoberfräsentisch oder der Tischkreissäge geschnitten, und für beide Methoden gibt es eine Vielzahl von Vorrichtungen, um die Arbeit effizienter durchzuführen. Eine Vorrichtung für den Handoberfräsentisch lässt sich leicht aus Restholz herstellen. Bei beiden Verfahren sollte man auf jeden Fall eine Zulage an der Vorrichtung hinter dem Werkstück anbringen, um Faserausrisse auf der Rückseite zu verhindern.

Die Genauigkeit einer Gehrungsverbindung lässt sich mit einem Winkel überprüfen, indem man die Teile gegeneinander hält und kontrolliert, ob sie ganzflächig am Winkel anliegen.

Ob man die Gehrung an der Tischkreissäge oder in einer Gehrungslade schneidet, man sollte einen Stoppklotz verwenden, um sicherzustellen, dass gegenüberliegende Teile genau gleich lang sind. Das ist für eine gute Passung der Verbindung unabdingbar.

Auf einer Unterflur-Zugsäge lässt sich das laufende Sägeblatt mithilfe eine Stange ins Werkstück ziehen. Das hat vor allem Vorteile, wenn Sie besonders kleine Werkstücke ablängen müssen. Wenn Sie die Werkstücke nämlich festspannen und ein entsprechendes Anschlagholz fixieren, gelingen ihnen völlig gefahrlos wiederholgenaue Zuschnitte.

Gehrungen mit der Hand schneiden

Wenn man beginnt, sich mit dem Arbeiten mit Holz zu beschäftigen, steht einem oft keine Werkstatt zur Verfügung, in der man es sich erlauben kann, nach Herzenslust Lärm, Sägespäne und Staub zu produzieren. Es gibt jedoch eine Vielzahl von Methoden, um die Gehrungsverbindungen für einen Kasten auch mit Handwerkzeug zu schneiden. Hier zeige ich einige meiner Lieblingsvarianten.

Eine selbst gefertigte Gehrungslade ist in Verbindung mit einer japanischen Säge mit ihrem dünnen Sägeblatt eine wenig aufwendige Möglichkeit, genaue Gehrungen zu schneiden – vor allem bei kleineren Werkstücken, die an der elektrischen Gehrungssäge gefährlich zu bearbeiten sind.

Reißen Sie zuerst den Schnitt in einem Winkel von 45° an.

Eine japanische Säge arbeitet auf Zug. Die feinen Zähne erleichtern es, das Holz zu halten, ohne es einzuspannen.

Mit einer Gehrungssäge lassen sich schnell unterschiedliche Winkel schneiden. Mit einem Stoppklotz versehen, stellt sie auch sicher, dass gegenüberliegende Seiten gleich lang sind.

Eine neuere und flexiblere Werkzeugart sind Gehrungslehren, die am Sägeblatt befestigt werden. Mit ihnen kann man präzise rechtwinklige und Gehrungsschnitte ausführen. Sie werden meist mit japanischen Sägen verwendet.

Mit einer Gehrungsstanze werden sehr kleine Materialmengen abgetragen, um eine sehr präzise Gehrung zu erhalten. Das Werkstück muss mit der Handsäge oder elektrischen Säge grob vorgeschnitten werden.

DIE VERBINDUNGEN

Bei diesem Kasten aus Gelbholz und Schwarzem Mesquite sind die Furnierfedern schräg eingesetzt. Die Schlitze wurden mit einer englischen Rückensäge geschnitten. Die Furnierfedern verstärken die Gehrungsverbindung, sie werden geschnitten, nachdem der Kasten verleimt und zusammengebaut worden ist.

Am Handoberfräsentisch verwende ich einen Spiralfräser, der einen glatteren Schnitt als ein normaler Fräser ergibt. An der Tischkreissäge sollte man ein Flachzahnsägeblatt verwenden, damit der Grund der Sägefuge eben wird. Für die Herstellung von 2-mm-Fingerzinken kann man hartmetallbestückte Wechselzahnblätter verwenden, die ebenfalls einen ebenen Schnittgrund liefern, während Trapezzahnblätter einen V-förmigen Grund ergeben, der bei der fertigen Verbindung unschön aussieht.

Schlitz-und-Zapfen-Verbindungen

Schlitz-und-Zapfen-Verbindungen sind wegen ihrer Formschlüssigkeit und vergrößerten Leimfläche sehr stabil. Ich verwende bei vielen kleinen Holzkästen eine Miniaturausgabe dieser Verbindung, die ich in diesem Fall am Handoberfräsentisch schneide. Dies empfiehlt sich jedoch nur für sehr kleine Werkstücke, weil der Schnitt mit der Handoberfräse klein sein muss, um ihn sicher ausführen zu können. Größere Zapfen schneide ich lieber an der Tischkreissäge. Nicht sehr häufig sieht man bei Holzkästen von außen verkeilte Zapfen, eine Variation der einfachen Schlitz-und-Zapfen-Verbindung, die jedoch sehr ansprechend und funktional ist.

Verstärkungsmöglichkeiten für Gehrungsverbindungen

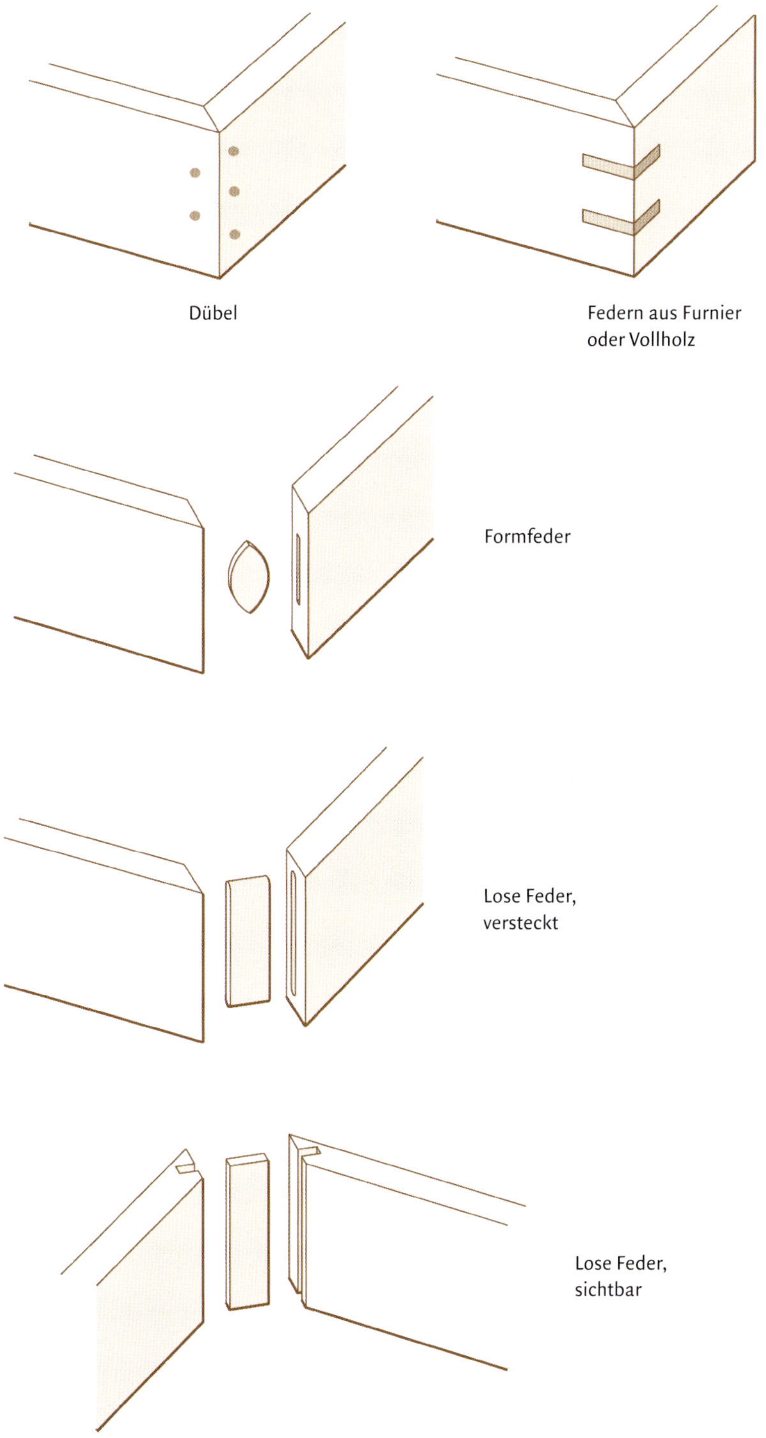

Dübel

Federn aus Furnier oder Vollholz

Formfeder

Lose Feder, versteckt

Lose Feder, sichtbar

37

TEIL DREI

Eine Gehrungsverbindung kann mit einer losen Feder verstärkt werden, die an der Außenseite des Kastens nicht zu sehen ist. Wenn der Deckel vom Korpus abgetrennt wird und später, wenn der Kasten geöffnet wird, wird die Feder sichtbar.

Fingerzinken lassen sich an der Tischkreissäge oder mit der Handoberfräse schneiden. Die Verbindung ist wegen der großen Leimfläche sehr belastbar. Der Kontrast zwischen dem Hirn- und dem Längsholz wirkt dekorativ.

Eine Vorrichtung, um Fingerzinken zu schneiden, lässt sich aus Sperrholz und Ahornkufen herstellen. Die besten Ergebnisse erzielt man mit einem Spiralnutfräser.

Die gefälzte Gehrung wird mit der Handoberfräse geschnitten. Von außen sieht sie aus wie eine einfache Gehrung. Der versteckte Falz vergrößert die Leimfläche beträchtlich. Die Verbindung wird eher bei Serienproduktionen verwendet als bei anspruchsvolleren Arbeiten.

Schwalbenschwanzzinkungen

Schwalbenschwanzzinkungen sind ein Merkmal hochwertiger Holzarbeiten. Die Verbindung trägt diesen Namen, weil die Zinken an einem der Teile die Form eines Schwalbenschwanzes haben. Die anderen Teile werden einfach als Zinken bezeichnet. Schwalbenschwänze werden häufig in verschiedenen Gebieten des Möbelbaus eingesetzt, ihr Hauptanwendungsgebiet ist die Herstellung von Schubladen, da sie stabil genug sind, auch jahrelanger Nutzung zu widerstehen. Es gibt zwei wichtige Variationen: die einfache oder offene Schwalbenschwanzzinkung, die von beiden Seiten der Verbindung zu sehen ist, und die halbverdeckte Zinkung, die von der vorne nicht zu erkennen ist. Halbverdeckte Zinkungen werden bei der Herstellung von Kästen nicht häufig verwendet, sie bieten aber größeren Entwurfsspielraum, wenn die Vorderseite eines Kastens geschnitzt oder modelliert werden soll. Die meisten Menschen sind nicht in der Lage, eine mit der Hand gearbeitete Schwalbenschwanzzinkung von einer maschinell hergestellten zu unterscheiden – die Unterschiede sind für das ungeübte Auge kaum zu erkennen. Um Schwalbenschwänze mit der Hand herzustel-

DIE VERBINDUNGEN

Kleine Schlitz-und-Zapfen-Verbindungen sind für kleinere Kästen geeignet – sie sind belastbar und leicht zu montieren. Bei guter Passung kann man den Kasten verleimen, ohne Zwingen ansetzen zu müssen.

Durchgehende Zapfen (in diesem Beispiel mit Nussbaum verkeilt) findet man eher bei hochwertigen Möbeln, aber sie lassen sich effektiv bei der Herstellung von Holzkästen verwenden. Die Keile werden nach der Montage eingeleimt.

Diese offene Schwalbenschwanzverbindung an einer Schublade aus Zuckerahorn wurde mit der Hand geschnitten.

Die Brüstungen einer gefrästen halbverdeckten Schwalbenschwanzverbindung sind abgerundet, was man nach der Montage allerdings nicht mehr sieht.

len, braucht man nur eines: Übung! Die Zeit, die man damit verbringt, diese Verbindung mit der Handoberfräse und einer Vorrichtung zu schneiden, ist Zeit, die man nicht mit der Übung der Handarbeit verbracht hat. Einem Anfänger fallen vielleicht bei dem Vergleich von handgefertigten und maschinellen Schwalbenschwanzzinkungen die unterschiedlichen Abstände der Verbindungsteile auf. Bei vielen maschinell hergestellten Schwalbenschwanzzinkungen sind die Schwalben und Zinken gleichmäßig angeordnet und nicht auf die Größe und die Proportionen des Werkstücks abgestimmt. Sehr schmale Zinken, die in den USA als Merkmal klassischer Handarbeit gelten, lassen sich mit der Handoberfräse nicht schneiden, da der Schaft des Fräsers zu dick ist.

Um das Aussehen einer handgefertigten Verbindung zu erzielen, ist eine Vielzahl von Vorrichtungen und Hilfsmitteln entwickelt worden. Wenn man bei einem Holzkasten zwar das Aussehen einer Schwalbenschwanzzinkung haben möchte, aber die Anstrengungen scheut, gibt es auch Methoden, mit denen die Arbeit mit Säge und Stechbeitel reduziert und das Ergebnis genauer wird, sodass Anfänger und jene, die nicht genug Zeit

39

TEIL DREI

Die offene Schwalbenschwanzzinkung links wurde mit einem einfachen Zinkenfräsgerät geschnitten, bei dem eher die einfache Bedienbarkeit im Vordergrund steht als die Vielfalt der Einstellmöglichkeiten. Die Verbindung rechts wurde an der Tischkreissäge geschnitten und mit dem Stechbeitel ausgestemmt. Die schmalen Zinken sind typisch für die amerikanische Gestaltung handgefertigter Schwalbenschwanzverbindungen.

Die sorgfältige Anordnung der Schwalben und Zinken können ein wichtiger Schritt bei der Gestaltung einer Schwalbenschwanzverbindung sein. In diesem Fall wurden sie so angeordnet, dass der Deckel nach der Montage vom Korpus abgetrennt werden konnte.

haben, diese hohe Kunst zu üben, weniger eingeschüchtert werden. Die meisten käuflichen Hilfsvorrichtungen, vor allem die komplizierteren und vielseitigeren, erfordern ein intensives Studium der Bedienungsanleitung, um sie korrekt einzurichten. Die preiswerteren Modelle sind zwar einfacher einzurichten und zu verwenden, dafür jedoch in ihren Möglichkeiten, auch verschiedene Schwalbenanordnungen zu schneiden, eher eingeschränkt.

Ich verwende die Tischkreissäge, um mir die mühselige Handarbeit bei der Schwalbenschwanzzinkung zu erleichtern, und greife nur zu meiner gekauften Vorrichtung, wenn ich Kleinserien des gleichen Holzkastens herstelle. Bei Einzelstücken schneide ich die Verbindung meist mit der Hand. Wie bei Fingerzinken auch, kann es nützlich sein, die obere Kante der Verbindung auf Gehrung zu schneiden. Das verleiht ihr ein eleganteres Aussehen und bietet die Möglichkeit, den oberen Rand des Kastens mit Einlegearbeiten zu versehen.

Mit diesem Zinkenfräsgerät können offene und halbverdeckte Schwalbenschwanzverbindungen mit unterschiedlichen Abständen zwischen Zinken und Schwalben geschnitten werden. Darüber hinaus lassen sich unterschiedliche andere Verbindungen herstellen. Wie bei anderen vielseitigen Holzbearbeitungsmaschinen erfordert der Einsatz eine gewisse Einarbeitungszeit.

Auch bei diesem Zinkenfräsgerät tritt die Vielseitigkeit gegenüber der einfachen Benutzung und Einrichtung zurück. Bei der Herstellung eines Kastens muss man sich dann in den Abmessungen nach den Möglichkeiten des Gerätes richten.

Eine Schwalbenschwanzverbindung anreißen

Wenn eine Schwalbenschwanzverbindung vollkommen mit der Hand geschnitten werden soll, muss sie an jedem Teil der Verbindung angerissen werden. Wenn man jedoch einen Teil der Arbeit maschinell ausführt, genügt es, nur eine Seite der Verbindung anzureißen. So oder so ist jedoch das genaue Anreißen die Grundlage einer guten Zinkung. Im Allgemeinen reiße ich zuerst die Schwalbenschwänze und schneide sie, um die dann als Lehre für das Anreißen der Zinken zu verwenden. ende ich für die Schwalben einen Bleistift zum Anreißen, um dann für das Übertragen der Zinken zu einem scharfen Anreißmesser zu wechseln.

Mit dem Streichmaß werden die ersten Anrissarbeiten ausgeführt. Stellen Sie das Streichmaß auf die Stärke des Materials ein – zuzüglich einer kleinen Zugabe für das Verputzen.

Ziehen Sie das Streichmaß am Material entlang, um den Riss anzubringen.

Mit der Schmiege oder einer besonderen Zinkenlehre werden auf der Sichtseite der Teile die Schrägen der Schwalben angerissen. Die Schmiege lässt sich leicht auf das Verhältnis 1 : 8 einstellen, das üblicherweise für Schwalbenschwänze in Laubholz verwendet wird.

Winkeln Sie die Risse für die Schwalben auf das Hirnholz über. Beachten Sie in der Abbildung die Schraffur, mit der ich den Verschnitt markiert habe – so kann man vermeiden, dass man auf der falschen Seite des Risses schneidet.

Übertragen Sie die Risse von einem Brett auf das andere, indem Sie die Bretter Ende an Ende legen.

Um die Zinken anzureißen, wird ein Stück Restholz an der Innenseite des Risses am Schwalbenschwanzstück der Verbindung festgespannt, dann wird dieses Stück auf das Gegenstück gelegt, an dem die Zinken geschnitten werden sollen. Reißen Sie dann mit einem scharfen Messer die Umrisse der Zinken am Hirnholz an.

An der Sichtseite werden die Zinken mit dem Winkel angerissen.

TEIL DREI

Oft genügt es, einen Holzkasten beim Verleimen mit Klebeband oder Gummistreifen einzuspannen, die man aus alten Reifenschläuchen geschnitten hat. Dieser Kasten hat versteckte lose Federn, die beim Ausrichten der Teile hilfreich sind.

Beim Verleimen von Gehrungsverbindungen sollte man großzügig an beide Teile Leim geben, da das Hirnholz einen Teil des Leims aufnimmt.

Bei der Montage eines Holzkastens benötigt man oft verschiedene Zwingen. Hier sieht man am Korpus einen Rahmenspanner, in der Mitte eine Spann-‚Gurt' mit Metallband und oben versetzt angeordnete Schraubzwingen.

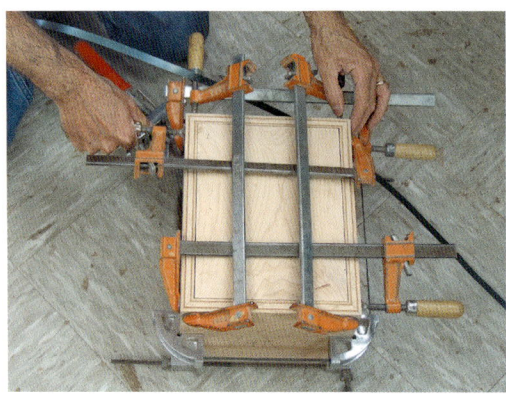

Die Montage

Unterschiedliche Eckverbindungen erfordern jeweils etwas andere Montageverfahren. Das Einspannen mit Zwingen erfordert immer Fingerspitzengefühl, wenn man an einer Stelle mehr Druck und an einer anderen weniger ausübt. Viele der kleineren Verbindungen und die Gehrungen, in die ich später Schlitze für eingesetzte Federn schneiden werde, lassen sich mit Abdeckklebeband fixieren, bis der Leim hinreichend getrocknet ist, um zum nächsten Arbeitsschritt fortzuschreiten. Mit zusätzlichen Lagen Klebeband kann man den Druck auf die Verbindung verstärken. Eine weitere einfache Methode, die einen Versuch wert ist, ist die Verwendung von großen ‚Gummibändern', die man sich aus alten Reifenschläuchen zurechtschneidet.

Besonders angenehm zu montieren finde ich die mit der Handoberfräse geschnittene Schlitz- und-Zapfen-Verbindung, die ich bei meinen kleinsten Kästen verwende. Die enge Passung der Zapfen ermöglicht es, die Verbindung zusammenzustecken, ohne Zwingen zu verwenden. Man gibt lediglich Leim an und steckt die Teile ineinander. Wenn man gleichzeitig den Deckel auflegt, kann man auch leicht auf Rechtwinkligkeit des Korpus kontrollieren. Durch Öffnen und Schließen des Deckels lässt sich auch überprüfen, ob genügend seitliches Spiel vorhanden ist.

Bei größeren Kästen, bei denen kompliziertere Eckverbindungen eingesetzt werden, gestaltet sich auch das Einspannen mit Zwingen komplizierter. Wenn ich einen großen Kasten mit Eckverbindungen auf Gehrung zusammensetze, bevor ich die Schlitze für die Federn schneide, dann gebe ich Leim an die Verbindungsflächen und stecke die Teile um den Boden und den Deckel herum zusammen. Die Verbindungen werden dann mit mehreren Zwingen zusammengezogen. Ich halte mich nicht an eine bestimmte Formel, und es kann vorkommen, dass ich jedes Mal unterschiedlich vorgehe.

Wenn der Kasten einen lose eingelegten Deckel hat, kann man mit diesem den Korpus auf Rechtwinkligkeit kontrollieren. Die Fuge zwischen Deckel und oberer Korpuskante muss in diesem Fall

DIE VERBINDUNGEN

Auch so kann man auf Rechtwinkligkeit prüfen: Messen Sie die beiden Diagonalen. Wenn der Kasten rechtwinklig ist, stimmen die beiden Maße genau überein. Falls nicht, setzt man eine Zwinge auf die längere Diagonale und zieht sie vorsichtig an, bis die Maße übereinstimmen.

Eine lose Füllung zeigt sehr schnell an, dass ein Kasten nicht rechtwinklig ist. Wenn die Fuge zwischen Korpus und Füllung ringsum gleich breit ist, sind die Ecken des Kastens rechtwinklig.

überall gleich breit sein. Auf Rechtwinkligkeit lässt sich auch schnell und sicher kontrollieren, indem man den Kasten auf eine ebene Fläche stellt und die Entfernung zwischen den jeweils diagonal gegenüberliegenden Ecken misst. Wenn die Entfernungen gleich sind, und der Kasten auf der Unterlage steht, ohne zu schaukeln, ist er genau rechtwinklig. Auf welche Art man einen Holzkasten auch zusammenbaut, es ist immer ratsam, zuerst eine trockene Montage (ohne Leim) durchzuführen, damit man auf eventuell auftretende Schwierigkeiten vorbereitet ist. Legen Sie sich verschiedene Zwingen zurecht. Lassen Sie sich Zeit. Falls Sie nervös sind oder sich gehetzt fühlen, verwenden Sie einen langsamer anziehenden Leim, damit Sie Zeit haben, Probleme zu bewältigen.

TEIL DREI   GESTOSSENE UND GEFÄLZTE VERBINDUNGEN

Genagelte Verbindung auf Stoß

Eine gestoßene und genagelte Verbindung eignet sich kaum für feinere Arbeiten, kann aber durchaus angebracht sein, wenn man einen Kasten baut, der furniert oder bemalt werden soll. Bei diesem Beispiel stehen die Seitenteile nicht senkrecht, sondern schräg, hier erlaubt die gestoßene Verbindung ein leichtes Vorgehen bei einer Eckverbindung, die auf andere Weise nur schwer herzustellen wäre. Stellen Sie zuerst das Sägeblatt der Tischkreissäge auf 90° und den Gehrungsanschlag auf den gewünschten Winkel ein, um nach oben ausgestellte Seiten zu erhalten (einen schlichteren Kasten erhält man, wenn man rechtwinklige Schnitte verwendet). Führen Sie den ersten Schnitt aus, nachdem Sie den Gehrungsanschlag zu einer Seite hin verstellt haben **(A)**. Um die abschließenden Schnitte auszuführen, versehen Sie den Anschlag mit einem Stoppklotz, damit die jeweils gegenüberliegenden Seiten gleich lang sind **(B)**. Geben Sie sparsam Leim an die Verbindungsflächen **(C)**. Spannen Sie ein Brett an der Werkbank fest, um darauf die Teile beim Nageln festhalten zu können. Mit einer Zwischenlage Wachspapier können Sie verhindern, dass die Werkbank mit Leim beschmutzt wird **(D)**. Befestigen Sie dann die Teile mit Nägeln aneinander; dabei erweist sich eine Nagelpistole als nützlich **(E)**.

Gefälzte Verbindung an der Tischkreissäge

Schmale Falze kann man mit einem breiten Sägeblatt in einem Durchgang schneiden, ich ziehe jedoch ein Vorgehen mit zwei Schnitten vor, bei dem die Gefahr von Faserausrissen verringert wird. Legen Sie das Material flach auf den Tisch der Kreissäge, und stellen Sie den Parallelanschlag auf den richtigen Abstand ein, um den ersten Schnitt auszuführen **(A)**. Verschieben Sie danach den Parallelanschlag für den zweiten Schnitt, ändern Sie gegebenenfalls auch die Höhe des Sägeblatts, stellen Sie das Material hochkant, und führen Sie den zweiten Schnitt aus. Wenn man das Material zwischen Anschlag und Sägeblatt führt, erhält man einen präzisen Schnitt, und der Verschnitt kann zur Seite wegfallen **(B)**. Am fertigen Kasten ist die Nut, die man als Aufnahme für den lose eingelegten Boden des Kastens schneidet, später nicht mehr zu sehen **(C)**. Bauen Sie den Kasten um den Boden herum zusammen **(D)**. Bei kleinen Kästen kann man die Teile mit Klebeband zusammenhalten, während der Leim anzieht **(E)**.

Gespundete Verbindung

Bei dieser Verbindung wird an einem Teil ein Falz angeschnitten, sodass eine Feder am Hirnholz stehen bleibt. Am anderen Teil schneidet man eine Nut, die als Aufnahme für die Feder dient. Schneiden Sie zuerst die Nut mit der Kreissäge **(A)**. Der Abstand zwischen dem Parallelanschlag und der äußeren Wange der Nut sollte so groß sein wie die Stärke des Materials – zuzüglich einer geringen Zugabe zum Verputzen. Ich gebe normalerweise 0,5 mm zu. Schneiden Sie dann am Gegenstück den Falz, um die feststehende Feder (den Spund) zu formen. Der erste Schnitt wird in die Seite des Materials geführt. Die Entfernung vom Parallelanschlag zur Außenseite des Schnitts bestimmt die Länge der Feder **(B)**. Für den zweiten Schnitt wird das Material hochkant gestellt. Mit diesem Schnitt legen Sie die Stärke der Feder fest – wodurch auch die Passung der Verbindung bestimmt wird **(C)**. Die fertige Verbindung lässt sich leicht zusammenstecken **(D)**.

Gehrungen mit dem Gehrungsschlitten an der Tischkreissäge schneiden

Bevor man den Gehrungsschlitten verwendet, sollte man sicherstellen, dass das Kreissägeblatt genau in einem Winkel von 45° geneigt ist. Wenn der Schnitt immer an der gleichen Stelle des Schlittens ausgeführt wird und das Sägeblatt immer im richtigen Winkel eingestellt ist, dient der Schlitten als Auflage für das Material, die für saubere und genaue Schnitte sorgt. Führen Sie einen Versuchsschnitt in einem Stück Restholz aus, und überprüfen Sie den Schnittwinkel mit einem Gehrungswinkel. Wenn man das Material mit angelegtem Gehrungswinkel gegen das Licht hält, sind eventuelle Abweichungen leicht zu erkennen **(A)**. Schneiden Sie ein Ende des Materials, und wende Sie es dann, um den nächsten Schnitt auszuführen. Mit einem Stoppklotz wird die Länge des Zuschnitts festgelegt **(B)**. Markieren Sie die einzelnen Teile während des Zusägens, damit das Maserbild später um den fertigen Kasten herumgeführt werden kann **(C)**.

> **Vgl. den Abschnitt „Gehrungsschlitten" auf S. 13**

Gehrungsverbindung mit eingeleimter Furnierfeder

Um gekaufte Furniere als Federn in Gehrungsverbindungen einzuleimen, muss man vielleicht mit verschiedenen Sägen experimentieren. Die Sägefuge meiner japanischen Dozuki-Säge ist zu schmal, aber meine englische Rückensäge schneidet eine Fuge, die genau richtig ist. Als Alternative zu Furnieren kann man sich auch auf der Tischkreissäge dünne Vollholzplättchen schneiden, deren Stärke genau auf das Werkzeug abgestimmt ist, mit dem man die Schlitze schneidet. Fertigen Sie sich eine Führung für die Säge an, damit der Winkel bei allen Schnitten einheitlich ist. Spannen Sie die Führung an dem Kasten und den Kasten an der Werkbank fest – in der Abbildung wird beides mit einer Zwinge erledigt **(A)**. Achten Sie darauf, genau bis zum unteren Ende der Sägeführung zu schneiden, andernfalls fallen die Schlitze für die Federn unterschiedlich tief aus **(B)**.

Schneiden Sie die Federn mit dem Stechbeitel aus Furnier zur richtigen Größe und Form zu **(C)**. Geben Sie Leim an die Feder und in den Schlitz – mit einer Visitenkarte lässt sich der Leim gut im Schlitz verteilen **(D)**. Nach dem Schleifen und der Oberflächenbehandlung geben die Furnierfedern der sonst eher schlichten Schatulle das gewisse Etwas **(E)**.

Gehrungsverbindung mit eingeleimten Federn an der Tischkreissäge

Reißen Sie mit einer Lehre aus Restholz die Lage der Federn an der Ecke des Kastens an **(A)**. Positionieren einen Stoppklotz im richtigen Abstand im Schlitten, und legen Sie den Kasten vorsichtig in den Schlitten. Schneiden Sie die Schlitze für die Federn. Verschieben Sie den Stoppklotz für die weiteren Schnitte. Mit dem am Schlitten festgespannten Stoppklotz kann man alle Schlitze schneiden und hat dennoch eine Zulage, die Faserausrisse während des Sägens verhindert **(B)**.

> **Vgl. die Zeichnung „Schlitzschlitten für lose Federn auf S. 13**

Schneiden Sie dünnes, in die Schlitze passendes Material für die Federn auf der Tischkreissäge zu **(C)**. Sägen Sie am Gehrungsanschlag die Federn zu. Ich habe den Anschlag auf 45° eingestellt, um das Material bestmöglich auszunutzen **(D)**. Geben Sie Leim an die Federn und in die Schlitze **(E)**. Schneiden Sie die Federn mit der Dozuki-Säge oder einer anderen Säge mit dünnem Blatt bündig ab, bevor Sie sie verputzen **(F)**.

TIPP: Schneiden Sie die Schlitze mit einem Wechselzahnblatt. Bei diesen Blättern sitzt normalerweise ein Freiräumzahn mit grader Schneide zwischen den Zähnen mit schräger Schneide. So erreicht man eine Sägefuge mit ebenem Grund, die dann von der losen Feder vollkommen ausgefüllt wird.

Gehrungsverbindung mit eingeleimten Federn auf dem Handoberfräsentisch

Diese Verbindung wird auf dem Handoberfräsentisch genauso hergestellt wie an der Tischkreissäge (siehe vorherigen Abschnitt), man benötigt dafür jedoch eine andere Vorrichtung, die an einer Anlage geführt wird, die man auf dem Tisch befestigt. Ich verwende diese Vorrichtung vor allem bei kleineren Holzkästen. Mit einem Stoppklotz wird die Lage des Kastens in der Vorrichtung für den ersten Schnitt festgelegt **(A)**. Die Vorrichtung ist so konstruiert, dass sie sich an der Anlage verschieben lässt, die am Tisch festgespannt ist. Man könnte auch eine ähnliche Vorrichtung herstellen, die mit einer Kufe in einer der Nuten läuft, mit denen viele Handoberfräsentische versehen sind. Die Vorrichtung wird mit dem Kasten über den Fräser geschoben (ich verwende einen 3-mm-Hartmetallfräser) **(B)**.

Um weitere Schnitte auszuführen, wird entweder der Kasten umgedreht, oder man verwendet einen kürzeren Stoppklotz, um die Lage des Kastens innerhalb der Vorrichtung zu verändern **(C)**. Wenn man an der Tischkreissäge sehr kleine Federn zuschneidet, können diese durch die Werkstatt geschleudert werden und so eine Gefahr darstellen. Halten Sie die Federn während des Sägens mit einer kleinen Leiste oder mit einem Radiergummi fest **(D)**. Wenn die Federn eingeleimt worden sind, schleift man sie mit den Kastenwänden bündig. Ich verwende dazu einen stationären Bandschleifer, der zum bequemeren Arbeiten geneigt wird. **(E)**

Gehrungsverbindung mit versteckter Feder

Diese Verbindung stelle ich am Handoberfräsentisch mit einer selbst gebauten Hilfsvorrichtung her. Für kleine Kästen sollten Sie einen 3-mm-Hartmetallfräser verwenden, bei größeren Kästen mit stärkeren Wänden kann man auch Fräser mit einem Durchmesser von 5 oder 6 mm einsetzen.

> **Vgl. Schlitzvorrichtung für den Handoberfräsentisch, S. 14**

Die Vorrichtung wird zwischen Stoppklötzen auf dem Handoberfräsentisch geführt, sodass man die Länge der Nuten genau kontrollieren kann, um sie nicht auf der Außenseite des Kastens sichtbar werden zu lassen. Das Einrichten der Vorrichtung auf dem Handoberfräsentisch erfordert sorgfältiges Messen des Abstandes zwischen Material und dem Fräser an beiden Enden des Vorschubwegs **(A)**. Um die Nut genau im Werkstück zu positionieren, sollte das Material bündig an der Unterkante der Vorrichtung eingespannt werden. Stellen Sie die Vorrichtung und das Werkstück auf eine ebene Fläche, während Sie die Zwinge anziehen, und kontrollieren Sie dann mit den Fingerspitzen, ob die Kanten bündig abschließen (man fühlt so etwas besser, als man es sieht).

Wenn das Werkstück sicher an der Vorrichtung befestigt ist, wird diese gegen den ersten Stoppklotz gehalten und langsam auf den rotierenden Fräser abgesenkt **(B)**. Schieben Sie dann das Material von einem Stoppklotz zum anderen und wieder zurück, und heben Sie es dann vom Tisch hoch. Drehen Sie das Werkstück um, und schneiden Sie dann die Nut auf der anderen Seite.

Fortsetzung auf S. 52

Die Federn werden aus Holz geschnitten, das in den Abmessungen der Nut entspricht. Runden Sie die Kanten mit einem Viertelstabfräser am Handoberfrästisch ab **(C)**. Kontrollieren Sie die Passung sorgfältig, bevor Sie die Federn ablängen **(D)**. Geben Sie für die Montage Leim an die Federn und in die Nuten **(E)**. Eine gute geschnittene Verbindung dieser Art kann zum Verleimen mit Klebeband ‚eingespannt' werden, man sollte jedoch Zwingen bereithalten, falls Korrekturen notwendig werden **(F)**.

Gefälzte Gehrungsverbindung

Für diese Verbindung benötigt man einen besonderen Fräser und den Handoberfräsentisch. Um die richtige Passung zu erreichen, werden einige Probeschnitte notwendig sein. Die Schnitttiefe des Fräsers muss der Stärke des Materials angepasst werden. Man kann beim Einrichten Zeit sparen, wenn man ein Reststück gefrästes Material von einem früheren Werkstück zur Hand hat. Ich verwende immer Restholz in der gleichen Stärke wie die zu bearbeitenden Stücke, um die Schnitttiefe des Fräsers und den Anschlag einzustellen.

Die Verbindung wird hergestellt, indem man ein Teil senkrecht stehend auf dem Handoberfräsentisch schneidet **(A)**, das andere wird liegend geschnitten. Die Höhe des Fräsers und die Lage des Anschlags bleiben dabei unverändert **(B)**. Wenn die Passung stimmt, werden die beiden Teile gefräst **(C)**. Beim Fräsen von kleinen oder schmalen Teilen für einen Kasten sollte man oben am Werkstück eine Zulage festspannen, die auf der Anlage entlang geführt wird, damit das Werkstück nicht in die Öffnung im Tisch kippen kann **(D)**.

Fortsetzung auf S. 54

| TEIL DREI | VERBINDUNGEN AUF GEHRUNG |

Geben Sie vorsichtig Leim an die Verbindungsstellen, stecken Sie den Kasten zusammen, und spannen Sie ihn ein **(E)**. Bei größeren Kästen muss man unter Umständen beim Verleimen auf Zwingen zurückgreifen **(F)**. Für die Verbindungen an kleinen Kästen reichen meist starke Gummibänder und Klebeband. Ziehen Sie das Klebeband straff an, bevor Sie es an der gegenüberliegenden Seite der Verbindung befestigen **(G)**.

SCHLITZ- UND ZAPFEN-VERBINDUNGEN

Schlitz-und-Zapfen-Verbindungen an kleinen Holzkästen

Ich schneide einfache Schlitz-und-Zapfen-Verbindungen am Handoberfräsentisch mit einem 3-mm-Hartmetall-Nutfräser für den Schlitz und einem größeren Nutfräser für den Zapfen. Da die Abmessungen des Schlitzes durch jene des Fräsers festgelegt sind, schneide ich zuerst die Schlitze und dann die Zapfen in entsprechender Größe. Die Tiefe eines Probeschnittes überprüfe ich mit einer Schiebelehre **(A)**. Am Anschlag des Handoberfräsentischs werden Stoppklötze befestigt, mit denen die Länge des Schnitts bestimmt wird. Das Endstück des Kastens wird dann zwischen den Stoppklötzen hin- und hergeschoben **(B)**. Wenn ein Versatz nötig ist, um einen eingesetzten Deckel aufzunehmen, wird eine Zulage mit den Abmessungen des Kastenendstücks benötigt, um das Einrichten der gegenüberliegenden Seite zu ermöglichen.

Der erste Schnitt wird in dieser Zulage ausgeführt, die dann umgedreht wird, um die Stoppklötze für den Schnitt auf der gegenüberliegenden Seite zu positionieren **(C)**. Stellen Sie den Anschlag neu ein, und setzen Sie den anderen Fräser in die Handoberfräse ein, um den Zapfen zu schneiden. Bei diesem Vorgang muss die Öffnung im Handoberfräsentisch genau dem Durchmesser des Fräsers entsprechen, damit das Werkstück während des Fräsens sicher abgestützt wird. In der Abbildung ist der entsprechende Einsatz entfernt worden, um den Vorgang deutlich darstellen zu können **(D)**. Bewegen Sie das Werkstück zwischen Anschlag und Fräser von rechts nach links. Dies ist ein gleichläufiger Schnitt, der zwar eine glatte Schnittfläche ergibt, aber gefährlich ist, weil das Material in den Fräser hineingezogen werden kann. Eine Zulage als Führung (wie in der Abbildung zu sehen), das sichere Halten des Werkstücks und ein scharfer Fräser sind notwendig, um diese Gefahr zu reduzieren **(E)**.

Fortsetzung auf S. 56

Überprüfen Sie die Passung des Zapfens im Schlitz. Sie ist richtig, wenn sich der Zapfen leicht einführen lässt, aber auch ohne Leim im Schlitz hält, sodass die Verbindung nicht allein aufgrund der Schwerkraft auseinanderfällt, wenn man sie an einem Teil hochhält. Beachten Sie in Abbildung **F**, dass das Endstück des Kastens mit einer Nut für den Boden versehen worden ist. Der Boden wird eingepasst, indem man mit der Tischkreissäge eine Nut in das Vorder- und Rückteil des Kastens schneidet. Stellen Sie das Sägeblatt dazu auf die Höhe ein, die der Stärke des Zapfens entspricht. Ich verwende dazu ein Blatt mit 3 mm Stärke, das dem Fräser mit 3 mm Durchmesser entspricht, mit dem die Schlitze geschnitten worden sind **(G)**.

Setzen Sie die Brüstungen an den Zapfen ab, um diese fertigzustellen. Der Schnitt wird mit einem am Anschlag befestigten Stoppklotz auf die richtige Länge gebracht **(H)**. Mit den gleichen Einstellungen werden die Federn am Kastenboden geschnitten. Die Schnitte an den Seitenteilen müssen gegebenenfalls nachgearbeitet werden, falls sich beim Schneiden der Schlitze mit dem Fräser und der Nuten mit der Kreissäge Unterschiede ergeben haben. Das Fräsen im Gleichlauf, bei dem das Material zwischen Anschlag und Fräser hindurchgeführt wird, ergibt zwar einen sauberen Schnitt, erfordert aber eine Zulage und das sichere Halten des Werkstücks **(I)**. Beim trockenen Zusammenstecken des Kastens sollte dieser auch ohne Leim gut halten **(J)**.

Schlitz-und-Zapfen-Verbindungen an großen Holzkästen

Bei größeren Kästen schneide ich die Nuten mit der Handoberfräse und die Zapfen an der Tischkreissäge. Reißen Sie zuerst die Enden der Nuten an den Teilen des Kastens an **(A)**. Stellen Sie den Parallelanschlag an der Handoberfräse auf das entsprechende Maß ein, und schneiden Sie die Nuten **(B)**. An der Tischkreissäge werden zuerst am Ende des Materials die Brüstungen der Zapfen geschnitten. Mit diesem Schnitt wird die Länge der Zapfen festgelegt **(C)**. Es kann hilfreich sein, ein Reststück des Materials beiseitezulegen, um die Passung zu kontrollieren. Schneiden Sie dann den Zapfen auf Stärke. Dazu wird das Werkstück aufrecht am Parallelanschlag entlang geführt **(D)**.

Fortsetzung auf S. 58

| TEIL DREI | SCHLITZ- UND ZAPFEN-VERBINDUNGEN |

Die Sägeblattöffnung im Kreissägetisch muss mit einem Einsatz versehen werden, der verhindert, dass der Zapfen neben dem Sägeblatt in die Öffnung rutscht. Kontrollieren Sie die Passung des Zapfens in der Nut, er sollte ohne Kraftaufwand hineingleiten. Schneiden Sie die Enden der Zapfen mit dem Gehrungsschlitten an der Kreissäge. Die Lage des Schnitts wird mit Stoppklötzen festgelegt **(E)**. Als Nächstes werden die kleinen Brüstungen an den Zapfen mit dem Gehrungsanschlag und einem Stoppklotz geschnitten. Ich führe wie gezeigt diese Arbeit in zwei Schritten aus, um zu verhindern, dass sich während des Schnitts Holzreste zwischen dem Blatt und den Stoppklötzen festklemmen **(F, G)**.

Der Zapfen wird mit dem Stechbeitel **(H)** und einer Raspel zu Ende geformt, indem die Enden abgerundet werden, damit sie in die runden Enden der gefrästen Nuten passen **(I)**. Die fertige Verbindung ist sehr belastbar und leicht zu montieren **(J)**.

TIPP: Bei einer Schlitz-und-Zapfen-Verbindung werden die Schlitze immer zuerst geschnitten. Der Fräser hat eine bestimmte Breite, und es ist einfacher, den Zapfen in den Schlitz einzupassen, als umgekehrt den Schlitz zu verändern, damit der fertige Zapfen hineinpasst.

Fingerzinken auf der Tischkreissäge

Fingerzinken können auf der Tischkreissäge mit speziellen Vorrichtungen geschnitten werden, man kann aber auch einfach den Gehrungsanschlag mit einer zusätzlichen Anlage versehen, wie es hier gezeigt wird. Setzen Sie ein Nutsägeblatt in der Breite ein, die Sie für die Fingerzinken vorgesehen haben. Schneiden Sie damit in die Zusatzanlage, und befestigen Sie mit Leim und Nägeln eine Führungsschiene in der soeben gesägten Nut. Die Führungsschiene wird in die jeweils zuletzt geschnittene Nut gesteckt, um den Abstand zur nächsten Nut festzulegen **(A)**.

Stellen Sie die Höhe des Sägeblatts auf die Materialstärke ein (ich gebe eine kleine Zugabe, um später verputzen zu können), und legen Sie ein Stück Restholz in der Breite der Nut zwischen die Führungsleiste und das Sägeblatt, um die Lage der Führungsleiste für den ersten Schnitt festzulegen. Die Zusatzanlage kann leicht verschoben werden, indem man die Schrauben am Gehrungsanschlag löst **(B)**. Nach einem Probeschnitt können letzte Feineinstellungen vorgenommen werden **(C)**. Wenn die Passung zu locker ist, wird der Abstand zwischen dem Sägeblatt und der Führungsleiste etwas vergrößert, umgekehrt wird er verringert, falls die Passung zu eng ist.

Nutzen Sie die Führungsleiste, um die ersten Fingerzinken zu schneiden **(D)**. Schneiden Sie die weiteren Zinken, indem Sie jeweils die Führungsleiste in die zuletzt geschnittene Nut stecken **(E)**.

Fortsetzung auf S. 60

Um die Gegenstücke zu schneiden, wird mit derselben Anordnung ein Schnitt in einem Stück Restholz ausgeführt **(F)**. Spannen Sie das Restholz dann an der Zusatzanlage fest, und bringen Sie an den Rändern der beiden Verbindungsteile den ersten Schnitt an **(G)**. Entfernen Sie dann das Restholz, und führen Sie die anderen Schnitte aus **(H)**, bis alle Fingerzinken geschnitten sind **(I)**. Die fertige Verbindung sollte eine gute Passung aufweisen und beim Verleimen nur gering, wenn überhaupt, eingespannt werden müssen **(J)**.

FINGERZINKEN

Fingerzinken am Handoberfräsentisch

Beim Schneiden von Fingerzinken mit der Handoberfräse verwende ich eine selbst gebaute Vorrichtung **(A)**. Man kann das Verfahren jedoch auch mit einem vorhandenen Handoberfräsentisch verwenden. Mit der Vorrichtung wird genauso gearbeitet, wie auf den S. 59-60 für die Tischkreissäge gezeigt. Die ersten Schnitte werden ausgeführt, indem man das Material an eine Führungsleiste im Anschlag anlegt **(B)**. Danach wird in einem Stück Restholz ein Schnitt ausgeführt, sodass man einen Anfangsschnitt für die Zinken im Gegenstück der Verbindung hat **(C)**.

Drehen Sie dann das Werkstück um, und benutzen Sie die Führungsleiste, um den nächsten Schnitt auszuführen. Spannen Sie das Restholz als Lehre für den ersten Schnitt ein, und führen Sie diesen ersten Schnitt an beiden Teilen der Verbindung aus. Die Lehre wird nur für die jeweils ersten Schnitte verwendet, die folgenden Schnitte werden dann wieder mit der Führungsleiste geschnitten **(E)**. Die hier gezeigten Fingerzinken bieten Raum, um den Deckel am oberen Rand des Kastens zwischen den Endstücken einzuhängen **(F)**.

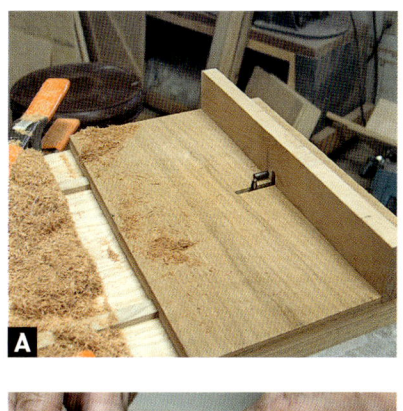

Auf Gehrung abgesetzte Fingerzinken

Eine Verfeinerung der Fingerzinkenverbindung lässt sich erreichen, indem man die obere Kante auf Gehrung arbeitet **(A)**. Zum einem kann dann der obere Rand des Kastens mit Einlegearbeiten verziert werden, zum anderen lassen sich auch Kästen herstellen, deren Höhe nicht genau einem Vielfachen der Zinkenbreite entspricht. Um die Gehrung zu schneiden, werden die oberen Teile jedes Verbindungsteils markiert. Die Teile, bei denen oben ein Fingerzinken steht, werden normal geschnitten. Bei den Teilen, die oben ausgeklinkt würden, wird vorerst kein Schnitt ausgeführt. Wenn alle anderen Zinken geschnitten worden sind, wird das Nutsägeblatt in der Höhe so verstellt, dass die Breite eines Zinkens stehen bleibt. Stellen Sie den Gehrungsanschlag auf 45° ein, und bringen Sie einen Stoppklotz an, um den Schnitt an der richtigen Stelle auszuführen **(B)**. Für den Schnitt am Gegenstück wird der Gehrungsanschlag auf 45° in der anderen Richtung eingestellt **(C)**.

Schwalbenschwanzzinkung an der Tischkreissäge

Reißen Sie die Verbindung wie auf S. 41 gezeigt an. Stellen Sie das Kreissägeblatt auf die erforderliche Neigung ein, und heben Sie es fast bis auf die Höhe der angerissenen Grundlinie an. Ich verwende eine Neigung von 8°, wie sie oft für Laubhölzer empfohlen wird **(A)**. Das Material wird dem Sägeblatt auf einem Schlitten zugeführt. Der Stoppklotz wird jeweils entsprechend verschoben und das Werkstück gedreht, um die Schwalbenschwänze zu schneiden **(B)**. Ich habe sehr schmale Zinken geschnitten, die Abstände zwischen den Schwalben sind so schmal, wie es die Breite des Sägeblatts erlaubt. Allerdings sollte man auch die Breite des Stechbeitels berücksichtigen, mit dem der Schnitt zu Ende geführt wird.

Verputzen Sie den Raum zwischen den Schwalbenschwänzen mit einem schmalen Stechbeitel. Die ersten Schnitte werden bis kurz vor den Riss geführt, der letzte Schnitt wird dann genau im Riss angesetzt **(C)**. Beim Anreißen der Zinken dient ein Stück Restholz, das man am Riss festspannt, als Hilfe beim Ausrichten des Materials. Das Restholz erlaubt es einem, das Schwalbenstück mit einer Hand zu halten, während man die Zinken mit einem Messer anreißt. Ein Reißmesser ergibt eine sehr viel klarere Linie als ein Bleistift **(D)**. Wenn die Enden der Zinken angerissen sind, werden die Risse mit einem kleinen Winkel und dem Anreißmesser vom Hirnholz auf die Seite des Werkstücks übertragen **(E)**.

Fortsetzung auf S. 64

| TEIL DREI | SCHWALBENSCHWANZZINKUNGEN |

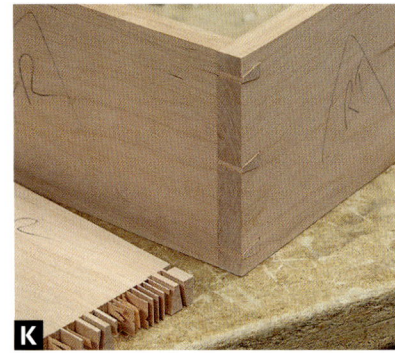

Das Sägeblatt wird jetzt wieder senkrecht gestellt, und der Gehrungsanschlag wird auf 8° (oder den Winkel, den Sie zum Schneiden der Schwalben verwendet haben) eingestellt. Spannen Sie einen Stoppklotz am Anschlag fest, und schneiden Sie den Endschnitt an den Verbindungsteilen mit den Zinken **(F)**. An dieser Stelle muss man besonders vorsichtig arbeiten, um Fehler zu vermeiden. Häufig wird auf der falschen Seite des Risses geschnitten, das lässt sich vermeiden, indem man den Verschnitt mit Bleistift schraffiert. Um die jeweils gegenüberliegenden Seiten der Zinken zu schneiden, wird der Winkel am Gehrungsanschlag wechselnd eingestellt. Verstellen Sie den Stoppklotz für die folgenden Schnitte, und richten Sie das Sägeblatt jeweils am Riss aus **(G)**.

Entfernen Sie den Verschnitt zwischen den Zinken mit wiederholten Schnitten der Kreissäge **(H)**, und verputzen Sie dann mit dem Stechbeitel. Die ersten Schnitte mit dem Beitel werden kurz vor dem Riss ausgeführt, die letzten dann von beiden Seiten zur Mitte hin **(I)**. Schneiden Sie die äußeren Brüstungen an den Zinkenteilen auf der Tischkreissäge mit Gehrungsanschlag und Stoppklotz. Die Höhe des Sägeblatts sollte so eingestellt werden, dass der Verschnitt mit dem Stechbeitel entfernt werden muss. Dadurch verhindert man, dass der lose Verschnitt sich zwischen Blatt und Stoppklotz verkeilt **(J)**. Die fertige Verbindung muss eventuell noch etwas nachgearbeitet werden, ist jedoch kaum von einer vollkommen in Handarbeit gefertigten zu unterscheiden **(K)**.

SCHWALBENSCHWANZZINKUNGEN

Offene Schwalbenschwanzzinkung mit dem Zinkenfräsgerät

Beim Schneiden von offenen Schwalbenschwanzzinkungen mit dem Zinkenfräsgerät ist es hilfreich, den ersten Schnitt mit einem Nutfräser kleineren Durchmessers auszuführen. Dadurch wird die Wahrscheinlichkeit verringert, dass die Tiefeneinstellung der Handoberfräse sich unvermittelt verstellt, wenn man dichte Laubhölzer schneidet. Der Fräserdurchmesser muss geringer sein als der schmalste Teil des Schwalbenschwanzes **(A)**. Nachdem man die geraden Schnitte gefräst hat, wechselt man zum Zinkenfräser und schneidet die Schwalben **(B)**. Um die Zinken zu fräsen, wird das Zinkenfräsgerät umgedreht und wieder zum Nutfräser gewechselt. Bei der Verwendung eines Zinkenfräsgeräts neigt man dazu, übermäßig schnell und kraftvoll zu arbeiten. Wenn man langsam und vorsichtig fräst, wird die Passung besser und die Gefahr, das Material zu beschädigen, ist geringer **(C)**. Beachten Sie, dass die Zinken und Schwalben jeweils etwas vorstehen.**(D)** Sie werden nachträglich mit dem Hobel oder an der Bandschleifmaschine (je nach Größe des Kastens) verputzt.

Halbverdeckte Schwalbenschwanzzinkung mit dem Zinkenfräsgerät

Für den ersten Schnitt wird mit dem rechtwinkligen Anschlag der Raum zwischen den Fingern des Gerätes abgedeckt. Wie bei der offenen Zinkung ist auch hier eine sanfte Schnittführung zu empfehlen **(A)**. Entfernen Sie den Anschlag, und fräsen Sie dann zwischen den Fingern des Gerätes **(B)**. Um die Zinken zu fräsen, wird der Anschlag umgedreht und das Material waagerecht eingespannt. Mit einem Zubehörteil im vorderen Schnellspanner wird das Material positioniert **(C)**. Die fertige Verbindung ist sauber und passgenau **(D)**.

SCHWALBENSCHWANZZINKUNGEN

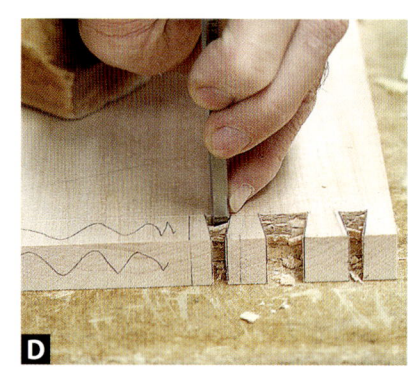

Handgearbeitete Schwalbenschwanzzinkung

Handgearbeitete Zinkungen erfordern einige Übung, bereiten aber während und nach der Arbeit ein befriedigendes Gefühl des handwerklichen Könnens. Ich schraffiere oft den Verschnitt, um zu vermeiden, auf der falschen Seite des Risses zu sägen.

> Vgl. „Eine Schwalbenschwanzverbindung anreißen", S. 41

Nachdem die Schwalben angerissen sind, wird mit der Dozuki-Säge oder einer kleinen Rückensäge entlang der Risse gesägt **(A)**.

Danach wird der Verschnitt entfernt. Stechen Sie abwechselnd von oben ein **(B)**, und schneiden Sie den Verschnitt mit waagerechten Schnitten frei **(C)**. Ich verwende hier einen selbst angefertigten 3-mm-Stechbeitel. Setzen Sie die senkrechten Schnitte zuerst kurz vor der angerissenen Grundlinie an. Wenn der Verschnitt zum größten Teil entfernt worden ist, werden die letzten Schnitte direkt an der Grundlinie angesetzt **(D)**. Ein kleiner Trick, der beim Anreißen der Zinken hilft: Spannen Sie ein Stück Restholz hinter der angerissenen Grundlinie fest. So kann das Stück leicht gehalten werden, während man mit einem scharfen Messer die Zinken anreißt.

Mit einem Messer lässt sich eine feinere und genauere Anrisslinie ziehen als mit dem Bleistift. Reißen Sie die Zinken mit einem kleinen Winkel zu Ende an **(F)**.

Schneiden Sie mit der Dozuki oder der Rückensäge so dicht wie möglich am Riss **(G)**. Nachdem mit dem Stechbeitel möglichst viel vom Verschnitt entfernt worden ist, werden die letzten Schnitte wieder am Riss entlang ausgeführt **(H)**. Ich muss meine Verbindungen immer noch etwas nacharbeiten, seien Sie also nicht enttäuscht, wenn Ihre Schwalbenschwanzzinkungen nicht auf Anhieb genau zusammenpassen.

Auf Gehrung abgesetzte Schwalbenschwanzzinkung

Bei dieser Verbindung wird lediglich die obere Kante auf Gehrung statt auf Stoß gearbeitet **(A)**. Reißen Sie die Verbindung wie sonst auch an, markieren Sie jedoch die oberen Kanten, an denen die Gehrung geschnitten werden soll. Die Verbindung wird genauso geschnitten wie eine normal offene Zinkung, mit folgender Ausnahme: Schneiden Sie bei den obersten Zinken nur teilweise durch das Material, wobei die Säge in einem Winkel von 45° von der Ecke des Kastens zur inneren Anrisslinie gerichtet ist **(B)**. Führen Sie den Schnitt mit dem Gehrungsschlitten an der Tischkreissäge zu Ende **(C)**. Der Schnitt kann auch mit der Dozuki oder einer anderen feinen Säge gesägt werden. Führen Sie diesen Schnitt am Zinken- wie am Schwalbenteil der Verbindung aus. Die Höheneinstellung des Kreissägeblattes ist sehr wichtig, da man keinesfalls in den auf Gehrung geschnittenen Zinken schneiden darf. Stellen Sie das Sägeblatt lieber etwas zu tief ein, und arbeiten Sie mit dem Stechbeitel nach, als Gefahr zu laufen, dass der Sägeschnitt später an der Außenseite des Kastens zu sehen ist. Die auf Gehrung gearbeitete Zinkung ist eine etwas elegantere Version der normalen offenen Schwalbenschwanzzinkung **(D)**.

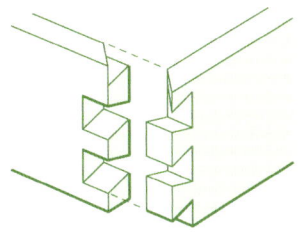
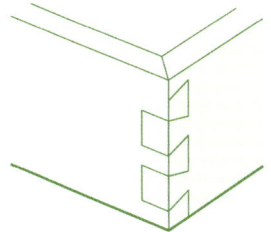

A

B

C

D

TEIL VIER

Die Deckel

Einfache Deckel

> Einfacher Deckel zum Auflegen (S. 73)
> Staubleiste für einen lose aufgelegten Deckel (S. 73)

Vom Kasten geschnittene Deckel

> Das Auftrennen eines Kastens mit der Bandsäge (S. 74)
> Das Auftrennen eines Kastens mit der Kreissäge (S. 75)

Schiebedeckel

> Gratnutdeckel (S. 76)
> Schiebedeckel mit Feder (S. 77)

Verbindungen für Deckel mit Rahmen

> Schlitz-und-Zapfen-Verbindungen für Deckel mit Rahmen (S. 78)
> Überblattung (S. 80)
> Auf Gehrung abgesetzte Überblattung (S. 81)
> Deckel in Rahmenkonstruktion (S. 82)

Unter dem Deckel eines Holzkastens lassen sich persönliche Schätze vor den Augen der Allgemeinheit verbergen. Dies wissend, öffnet man einen solchen Deckel mit freudiger Erwartung. Hinzu kommt das eigenartige Gefühl von Macht und Verbundenheit, das sich beim Benutzen von Gegenständen einstellt und das geeignet ist, die unruhige Seele zu besänftigen. Man spürt es beim leisen Drücken auf den Knopf eines Kugelschreibers, aber ganz sicher beim Öffnen und Schließen von Deckeln.

Auf seine Weise definiert der Deckel die Beziehung zu einem Kasten mehr als jedes andere Element des Entwurfs. Beim ersten Anblick eines Kastens stellt sich oft die Frage: Wie wird er geöffnet? Bei vielen Kästen ist die Antwort leicht und schnell zu erkennen. Man sieht an der Rückseite die Scharniere oder die Fuge zwischen Deckel und Korpus, vielleicht sogar den Griff, der die Finger zu dem Punkt führt, an dem der Kasten zu öffnen ist. Es lohnt, sich vor der Arbeit an einem Kasten Gedanken darüber zu machen, wie der Deckel funktionieren und wie er sich in den Händen des Benutzers anfühlen soll.

Vom Kasten geschnittene Deckel

Es gibt zwei unterschiedliche Verfahren, um einen Deckel herzustellen. Zum einen kann man einen geschlossenen Kasten herstellen und dann den Deckel mit der Bandsäge oder der Tischkreissäge abschneiden, nachdem man den Kasten zusammengebaut hat. Der offensichtliche Vorteil dieser Methode ist, dass der Deckel und der Korpus auf jeden Fall gut zusammenpassen. Andererseits muss man die Anordnung von Schwalbenschwanzzinkungen, eingeleimten Federn und Fingerzinken sehr genau planen und die Breite und Platzierung der Sägefuge berücksichtigen.

Kasten und Deckel als Einheit herzustellen und sie dann auseinanderzusägen funktioniert nur bei wenigen Kastentypen. Bei kleineren Kästen führe

DIE DECKEL

Ein Holzkasten aus Ahorn mit Einlegearbeiten aus Kirsche und Ahorn. Die Oberflächen sind noch nicht behandelt. An der Oberkante des Korpus' sind innen dünne Staubleisten aus Kirschholz eingeleimt, die sicherstellen, dass der Deckel richtig sitzt.

Bei einem kleinen Kasten kann der Deckel mit einem Schnitt an der Bandsäge vom Korpus abgetrennt werden. Die Sägespuren werden dann mit dem stationären Bandschleifgerät entfernt. Der abgebildete Kasten ist aus Robinie und Mesquiteholz.

Bei Holzkästen, die zu groß für die Bandsäge sind, lässt sich der Deckel am besten mit der Tischkreissäge abtrennen. Stellen Sie das Sägeblatt so hoch ein, dass die Wand fast vollständig durchgetrennt wird und nur etwas Material stehen bleibt, das später sauber mit dem Messer durchschnitten wird.

Eine kleine Truhe aus Amerikanischer Weiß-Eiche. Die Beschläge aus Bandstahl sind aus eigener Herstellung, und der Deckel besteht aus einer einfachen Vollholzplatte, die stumpf auf die Seiten aufschlägt.

ich den Schnitt gerne mit der Bandsäge aus, weil hier der ganze Kasten in einem Durchgang durch die Säge passt. Größere Kästen sollten besser auf der Tischkreissäge aufgetrennt werden. Allerdings ist es dann besser, die Höhe des Sägeblatts so einzustellen, dass eine geringe Menge Material stehen bleibt, um den Deckel während des Schnitts zu halten. Ich trenne den Deckel dann endgültig vom Korpus, indem ich mit einem Allzweckmesser in der Sägefuge entlangschneide.

Eigenständige Deckel

Bei der anderen Herangehensweise wird der Deckel als eigenständige Einheit hergestellt. Auf diese Weise öffnet sich eine Vielzahl unterschiedlicher Gestaltungsmöglichkeiten. Man kann sie aus Einzelteilen zusammenbauen oder einfach aus einem Stück Vollholz schneiden und formen. Es können Deckel zum Abheben oder zum Schieben sein, man kann sie aber auch auf verschiedene Weisen mit Scharnieren befestigen. Im Abschnitt 3 wurden verschiedenen Eckverbindungen für den Korpus eines Kastens vorgestellt, die gleichen Verfahren können beim Entwurf und Bau eines Deckels angewandt werden. Ich stelle oft Deckel im traditionellen Rahmen-und-Fül-

Das Einpassen des Deckels

Bei der Herstellung von Holzkästen arbeitet man mit anderen Toleranzen als sonst in der Tischlerei oder im Möbelbau. Dort fallen Abweichungen von 2 – 3 mm unter Umständen nicht besonders auf. Wenn ich an dem Deckel eines Kastens arbeite, lege ich meine Messwerkzeuge oft beiseite und richte mich eher nach meinem Gefühl als nach starren Einteilungen an einem Lineal. Das bedeutet, dass ich bei den Passungen etwas mehr Versuch und Irrtum einplanen muss, aber dafür sieht das Ergebnis dann besser aus.

Ein Küchenschrank setzt ein bestimmtes Niveau in der Verarbeitung und der Oberflächenbehandlung voraus, das vor allem durch die Erfordernisse der praktischen Verwendbarkeit bestimmt wird. Ein Holzkasten wird dagegen meist sehr viel genauer betrachtet und rechtfertigt deshalb eine sorgfältigere Bearbeitung.

Ich schneide meine Deckel mit dem Ablängschlitten an der Tischkreissäge auf Maß. Der Abstand zwischen Sägefuge und Stoppklotz wird mit dem Bandmaß bestimmt, bevor der Stoppklotz fixiert wird. Nach einem Probeschnitt wird die Passung am trocken zusammengebauten Kasten überprüft. Den ersten Schnitt führe ich so aus, dass er genau dem Innenmaß des Kastens entspricht, wohl wissend, dass später noch ein wenig Material entfernt werden muss, damit der Deckel sich gut öffnen und schließen lässt.

Danach wird das Werkteil wieder auf den Ablängschlitten gelegt und etwas vom Stoppklotz abgerückt. Die Entfernung zwischen Werkteil und Stoppklotz entspricht der Veränderung in der Länge des Deckels. Schieben Sie den Stoppklotz an das Werkstück, und spannen Sie ihn wieder fest, bevor Sie den Schnitt ausführen. Dieses Verfahren kann man bei Bedarf mehrmals wiederholen, bis man schließlich die Passung erreicht hat, die einem gut erscheint.

lung-Verfahren her, das man auch im guten Möbelbau anwendet. Normalerweise werden dabei die Rahmen mit Schlitzen und Zapfen, eingeleimten Formfedern oder Überblattungen verbunden, im Inneren liegt dann lose die Füllung, die bei Veränderungen der Luftfeuchtigkeit frei arbeiten kann.

Deckel aus Vollholz

In seiner einfachsten Form kann der Deckel aus einem einfachen Stück Vollholz bestehen, das so geformt ist, dass es entweder in eine Ausfälzung im Korpus passt oder eine profilierte Kante aufweist, die in den Korpus passt. Ich habe inzwischen so viele komplizierte Deckel für Kästen angefertigt, dass es mir Freude macht, auch einen ganz schlichten Deckel herzustellen, oft nur ein zugeschnittenes Brett mit einem einfachen Griff, der auf den Kasten gelegt wird. Sogar eigenartig geformte Stücke können einen schönen Kontrast zu einem aufwendig gestalteten Korpus bilden.

Bei diesem Kasten aus Platanenholz kommt die Markstrahlenzeichnung an den Seiten gut zur Geltung. Der gedrechselte Griff ist aus Kirschholz, und der schwarz gebeizte Nussbaumdeckel ist an der Unterseite ausgefälzt, um genau in den Korpus zu passen. Dies ist die einfachste Variante eines lose aufliegenden Deckels.

DIE DECKEL

Vollholz schwindet und quillt bei Veränderungen der Feuchtigkeit. Bei Holzkästen ist das Äußere des Deckels normalerweise größeren Schwankungen der Luftfeuchtigkeit ausgesetzt als das Innere.

> **Vgl. „Das Material", S. 15 – 23.**

Bei kleinen Kästen stellt dies selten ein Problem dar, aber bei größeren Kästen mit breiten Deckeln kann es zum Verziehen kommen. Dem kann man entgegenwirken, indem man stärkeres Material verwendet, da dünnes Vollholz sich schneller wirft als stärkeres. Die Holzauswahl ist auch entscheidend: Holz mit stehenden Jahresringen ist formstabiler als solches mit liegenden Jahresringen.

Bei kleinen Kästen kann man das Schwinden und Quellen des Holzes vernachlässigen, hier haben sich Deckel bewährt, die in eine Gratnut eingeschoben werden. Bei größeren Kästen arbeitet das Holz stärker, deshalb stelle ich den Deckel als deutlich separate Einheit her. Ein eingeschobener Deckel läuft in diesem Fall in einer normalen Nut.

Deckel mit Rahmen und Füllung

Bei einem größeren Kasten lässt sich ein stabiler Deckel am besten als Konstruktion mit Rahmen und Füllung herstellen. Bei traditionellen erhobenen Füllungen ist zwischen Rahmen und Füllung ein kleiner Abstand vorhanden, um das Arbeiten des Füllungsholzes zu ermöglichen. Ich verwende außerdem häufig eine andere Füllungsart, bei der das Holz schwinden und quellen kann, ohne dass man eine Lücke sieht. Bei dieser Konstruktion werden Füllung und Rahmen mit der gleichen Einstellung der Säge geschnitten, sodass am Rahmen ein Spund und eine Nut entstehen, die in das Gegenstück der Füllung passt (überschobene Füllung). Der Freiraum, der das Arbeiten des Holzes ermöglicht, ist innerhalb der Verbindung unsichtbar.

Gratnutdeckel eignen sich besonders gut für sehr kleine Kästen. Wenn sie genau gearbeitet werden, passen solche Deckel so gut, dass der Kasten aussieht wie ein Stück Vollholz.

Der Deckel dieses Ahornkastens gleitet mit einer Feder in einer Nut im Korpus. Der Deckel ist länger als der Kasten, um als Griff zu dienen.

Die lose Füllung in diesem Deckel aus Nussbaum liegt mit einer kleinen Feder in einer Nut in den Seitenteilen des Kastens. Auf diese Weise kann man an der Außenseite des Kastens eine größere ununterbrochene Holzfläche zeigen.

TEIL VIER

Drei Konstruktionsweisen für Deckel

Lose einliegender Deckel aus Vollholz

Der Deckel ist ausgefälzt, um genauen Sitz zu gewährleisten.

Konventionelle Rahmen-und-Füllung-Konstruktion

Sichtbare Fuge für das Arbeiten der Füllung

Überschobene Rahmen-und-Füllung-Konstruktion

Fuge für das Arbeiten der Füllung ist nicht sichtbar.

Miniatur-Formfedern eignen sich gut, um die Teile eines kleinen Kastens zu verbinden, vor allem wenn normale Formfedern wegen ihrer Größe nicht infrage kommen.

Der Schlitz der vorderen Verbindung wurde an der Ständerbohrmaschine geschnitten, der Zapfen mit der Raspel abgerundet, um in den Schlitz zu passen. Die hintere Verbindung wurde mit der Schlitzstemmmaschine geschnitten, deshalb muss der an der Tischkreissäge geschnittene Zapfen nicht weiter bearbeitet werden.

Die Überblattung kann entweder als rechtwinklige Verbindung gestaltet oder mit einer Gehrung an der Sichtseite gearbeitet werden. Sie lässt sich vollkommen an der Tischkreissäge herstellen.

Um einen Deckel aus Rahmen und Füllung herzustellen, bieten sich verschiedene Verbindungen an. Ich bevorzuge die Schlitz-und-Zapfen-Verbindung. Sie ist ungemein stabil, vielleicht stabiler als es für einen einfachen Kasten wirklich nötig wäre. Man setzt heute sowohl Zapfen mit runden Ecken als auch solche mit rechtwinkligen ein, je nachdem, wie die Schlitze geschnitten werden. Mit einer Schlitzstemmmaschine werden die Schlitze rechteckig, wenn man sie jedoch mit der Ständerbohrmaschine oder der Handoberfräse herstellt, müssen sie entweder nachgearbeitet werden, damit die Ecken rechtwinklig sind, oder man muss die Zapfen an den Ecken abrunden. Das Nacharbeiten der Zapfen ist einfacher, und die sowieso schon stabile Verbindung wird dadurch kaum geschwächt.

Bei hochwertigen Arbeiten werden auch Überblattungen und auf Gehrung gearbeitete Überblattungen verwendet. Beide Versionen bieten eine große Leimfläche. Falls Sie nicht bereit sind, sich mit der Schlitz-und-Zapfen-Verbindung oder einer der Überblattungen auseinanderzusetzen, sind kleine Formfedern eine gute Alternative. Wenn möglich, setze ich sie paarweise ein.

Einfacher Deckel zum Auflegen

Wenn man einen Deckel aus Vollholz herstellt, der auf den Kasten gelegt werden soll, muss die Unterseite des Deckels mit einem Falz versehen werden, damit er sicher aufliegt, wenn der Kasten geschlossen ist. Der Falz wird am Handoberfräsentisch mit einem Anschlag und Nutfräser geschnitten. Um einen glatten Schnitt zu erreichen, verwende ich einen Fräser mit möglichst großem Durchmesser, in diesem Fall sind es 25 mm. Bei der Bearbeitung sollte man mehrere Durchgänge machen, um eine genaue Passung zu erreichen. Mit einem Schnitt ist das schwieriger. Fräsen Sie zuerst die Schmalseiten mit dem Hirnholz (A). Wenn man dann die langen Seiten fräst, werden Faserausrisse, die vielleicht beim ersten Schnitt entstanden sind, wieder entfernt (B). Der fertige Deckel sollte seitlich etwas Spiel haben, um Breitenveränderungen des Holzes auszugleichen, in der Länge kann die Passung jedoch eher eng sein (C).

Staubleiste für einen lose aufgelegten Deckel

Um sicherzustellen, dass ein loser Deckel sich leicht abheben lässt und passgenau auf dem Kasten liegt, wird innen am oberen Rand des Kastens eine Staubleiste angebracht. Das lässt sich auf einfache Weise machen, indem man vor der Montage an der Innenseite der Wände eine Nut schneidet, in welche die Staubleiste eingeleimt wird, nachdem man den Deckel vom Kasten abgesägt hat (A). Ich ziehe es vor, die Staubleiste als separaten Bauteil herzustellen und sie nicht aus den Seitenteilen des Kastens zu schneiden. Schneiden Sie dazu vor der Montage einen Falz an der Innenseite der vier Wände. Die Tiefe des Falzes sollte der Stärke der verwendeten Staubleiste entsprechen. In der Abbildung verwende ich einen 20-mm-Nutfräser, der einen 3 mm tiefen Falz schneidet (B).

Nachdem der Kasten zusammengebaut worden und der Deckel abgesägt worden ist, werden die Staubleistenteile auf Gehrung geschnitten und in den Falz eingeleimt (C). Falls die Passung des Deckels etwas zu eng ist, werden die Staubleisten mit einem Schleifklotz nachgearbeitet (D).

Das Auftrennen eines Kastens mit der Bandsäge

Bei kleinen Kästen, die in einer Richtung 150 mm oder weniger messen, trenne ich den Deckel am liebsten mit der Bandsäge vom Kasten. Bei dieser Größe passt der Kasten noch unter die Rollenführungen meiner Bandsäge, außerdem ist der Kasten klein genug, dass ich die Sägespuren mit meinem stationären Bandschleifgerät entfernen kann.

Bevor man einen Kasten mit der Bandsäge auftrennt, muss man sich vergewissern, dass das Blatt rechtwinklig zum Tisch verläuft und dass der Schnitt nicht verläuft. Falls dies – wie häufig – der Fall sein sollte, muss der Anschlag entsprechend verstellt werden, damit der Schnitt parallel zum Anschlag läuft. Stellen Sie auf diese Weise sicher, dass der Schnitt auch dort ausgeführt wird, wo er sein soll. Schneiden Sie dann den Deckel vom Kasten **(A)**. Danach müssen die Ränder des Deckels und des Kastens geglättet werden, um die Sägespuren zu entfernen **(B)**. Das kann entweder mit einem stationären Bandschleifer, mit dem Hobel oder mit einem Blatt Schleifpapier geschehen, das man auf eine ebene Fläche gelegt hat.

Das Auftrennen eines Kastens an der Tischkreissäge

Größere Kästen schneide ich an der Tischkreissäge auf. Dazu wird die Schnitthöhe auf ein Geringes weniger eingestellt, als die Materialstärke der Kastenwände beträgt. Damit erreicht man, dass gerade genug Material stehen bleibt, um zu verhindern, dass das Blatt im Schnitt klemmt, dass sich aber andererseits der Deckel leicht mit einem Messer vom Korpus trennen lässt. Stellen Sie den Parallelanschlag sorgfältig so ein, dass der Schnitt genau dort ausgeführt wird, wo Sie ihn haben möchten, und sägen Sie dann alle vier Seiten. Sie können die Schnitttiefe kontrollieren, indem Sie nach dem ersten Schnitt vorsichtig mit einem Vielzweckmesser in die Fuge schneiden, warten Sie jedoch mit dem endgültigen Auftrennen, bis Sie alle vier Seiten gesägt haben.

Der Kasten in den Abbildungen sollte mit einem aufgelegten Deckel versehen werden, deshalb weisen die Innenseiten einen Falz auf. Die Schnitthöhe wird so eingestellt, dass sie etwas weniger beträgt, als das stehen gebliebene Material. Notieren Sie sich dieses Maß, bevor Sie den Kasten zusammenbauen. Trennen Sie den Deckel nach dem Sägen mit einem scharfen Messer vom Korpus **(B)**. Danach lässt sich der Deckel leicht abheben **(C)**. Glätten Sie die Sägespuren und eventuell stehen gebliebenes Material mit einem Schleifklotz oder dem Hobel.

Gratnutdeckel

Um einen kleinen Kasten mit Schiebedeckel herzustellen, wird zuerst die innere Form des Kastens herausgearbeitet. Dazu kann man an der Ständerbohrmaschine große Löcher bohren, wie ich es bei diesen Kästen getan habe, man kann aber auch die Handoberfräse verwenden. Bei kleinen Kästen arbeite ich eine Gratnut in den Korpus, um den Schiebdeckel aufzunehmen, bei größeren eine einfache Nut.

> Vgl. „Schiebedeckel mit Feder" auf der gegenüberliegenden Seite.

Es kommt der Arbeitssicherheit entgegen, wenn man ein längeres Stück Material bearbeitet, aus dem dann mehrere Kästen entstehen. Allerdings muss das Rohmaterial dazu genau zugeschnitten, rechtwinklig und eben sein.

Setzen Sie einen Gratnutfräser in die Handoberfräse ein, und stellen Sie den Anschlag des Handoberfräsentischs so ein, dass der Schnitt in der Mitte des Materials ausgeführt wird **(A)**. Die Schnitttiefe wird durch die beabsichtigte Stärke des Deckels bestimmt. Verschieben Sie nach dem ersten Schnitt den Anschlag, um die Nut zu verbreitern **(B)**. Ich drehe das Material jeweils um und fräse von entgegengesetzten Enden, damit ich den Anschlag nicht so oft verstellen muss. Danach wird der Rand des Deckels profiliert. Verstellen Sie die Schnitthöhe und den Anschlag entsprechend, und fräsen Sie die beiden langen Seiten des Deckels. Auf den Abbildungen ist der Vorgang einmal mit und einmal ohne die Sicherheitszulage zu sehen. Man kann erkennen, dass der Schnitt besser mit der Sicherheitszulage auszuführen ist. Auch aus Sicherheitsgründen fräse ich in diesem Fall von links nach rechts zwischen Fräser und Anschlag **(C)**. In Abbildung **D** sieht man die Sicherheitszulage, mit welcher der Fräser abgedeckt wird. Versuchen Sie beim Fräsen eine enge Passung des Deckels im Korpus zu erreichen, und arbeiten Sie dann mit dem Hobel oder einem Schleifklotz nach, bis der Deckel leichtgängig ist.

Schiebedeckel mit Feder

Bei größeren Kästen ist die Kombination von Nut und Feder für einen Schiebedeckel besser als eine Gratnutverbindung. Bei dieser Konstruktion werden die Ränder des Deckels ausgefälzt, sodass eine Feder entsteht, die in eine Nut in den Seitenteilen des Kastens passt. Wenn ich einen solchen Kasten im Frühjahr oder Herbst baue, arbeite ich auf eine enge Passung, da der Deckel in den trockeneren Monaten noch schwinden wird. Im Winter sollte man dagegen etwas mehr Raum zwischen Deckel und Korpus lassen, damit der Deckel bei höherer Luftfeuchtigkeit noch quellen kann, ohne die Konstruktion des Kastens zu beschädigen.

Schneiden Sie die Nuten in den Kastenseiten mit einem 3-mm-Nutfräser am Handoberfräsentisch. Setzen Sie den Schnitt kurz vorm Ende ab, damit er nicht in das Endstück übergeht **(A)**. Je nach der gewählten Eckverbindung muss die Nut eventuell an zwei der vier Seiten abgesetzt werden. Legen Sie die Länge des Schnitts mit Stoppklötzen fest, die Sie am Handoberfräsentisch festspannen **(B)**. Der Falz am Deckel wird mit einem größeren Nutfräser geschnitten. Ich mache meist einen Probeschnitt an einem Stück Restholz. Wenn Sie mit der Passung zufrieden sind, führen Sie den ersten Schnitt im Hirnholz durch, damit Faserausrisse beim Fräsen der Seiten wieder entfernt werden **(C)**.

Schlitz-und-Zapfen-Verbindungen für Deckel mit Rahmen

Beim Herstellen von Schlitz-und-Zapfen-Verbindungen werden die Schlitze immer zuerst geschnitten. Ob Sie die Arbeit mit der Handoberfräse, dem Bohrer, Stechbeitel oder Schlitzstemmmaschine ausführen wollen: Reißen Sie zuerst die Lage der Schlitze mit dem Streichmaß und Winkel an. Falls Sie nicht jeden Schlitz in Handarbeit stemmen wollen, müssen Sie allerdings nicht alle Teile anreißen. Bringen Sie an der Ständerbohrmaschine Stoppklötze an, um die Lage der Löcher festzulegen, durch die der Schlitz bestimmt wird. Verschieben Sie die Stoppklötze, um den Schlitz zu verlängern. Entfernen Sie das Material in der Mitte zuletzt **(A)**. Verputzen Sie am Schluss die Wangen des Schlitzes mit dem Stechbeitel. Die Risse des Streichmaßes sind ein idealer Ansatzpunkt für den Stechbeitel. Schließlich müssen noch vereinzelte Späne vom Grund des Schlitzes ausgehoben werden **(B)**.

Das Schneiden der Zapfen an der Tischkreissäge unterscheidet sich nicht wesentlich, ob man eine gekaufte Vorrichtung dafür benutzt, oder ob man sie sich selbst baut. Ich schneide zuerst die tiefen Wangenschnitte. Spannen Sie das Material senkrecht mit der Sichtseite zur Vorrichtung an der Vorrichtung ein, und führen Sie den ersten Schnitt aus **(C)**. Verstellen Sie den Anschlag für den zweiten Schnitt, bei dem die Sichtseite weiterhin an der Vorrichtung anliegt **(D)**.

VERBINDUNGEN FÜR DECKEL MIT RAHMEN

Stellen Sie dann die Schnitthöhe für die Brüstungsschnitte ein, und spannen Sie am Anschlag einen Stoppklotz ein (in der Abbildung verwende ich dafür meine Schlitz-und-Zapfen-Vorrichtung). Der Stoppklotz muss so weit vom Blatt entfernt sein, dass der Verschnitt sich während des Sägens nicht verkeilen und zurückgeschleudert werden kann **(E)**. Schneiden Sie die breiten Brüstungen. Während der Gehrungsanschlag zum Sägeblatt geführt wird, bleibt der Stoppklotz in sicherer Entfernung **(F)**. Verstellen Sie dann gegebenenfalls die Schnitthöhe, bevor Sie die schmalen Brüstungen schneiden.

Variante 1: Kleine Schlitze können am Handoberfräsentisch geschnitten werden, man sollte auf diese Weise allerdings nicht größere Materialmengen in einem Durchgang entfernen. Vergrößern Sie die Frästiefe in kleinen Schritten, und setzen Sie Stoppklötze ein, um den Vorschub des Materials und die Länge der Schlitze zu bestimmen. Einen einheitlichen Abstand der Schlitze von der Sichtseite erreicht man, indem man die Stoppklötze entsprechend verstellt, um den Schlitz an der gegenüberliegenden Seite zu schneiden.

Variante 2: Bei kleinen Zapfen kann man statt einer Zapfenschneidevorrichtung auch die Tischkreissäge mit Ablängschlitten und einem Stoppklotz verwenden, um die tiefen Brüstungen zu schneiden.

Überblattung

Überblattungen werden mit der Schlitz-und-Zapfen-Vorrichtung an der Tischkreissäge hergestellt. Im Gegensatz zur Verbindung mit Schlitz und Zapfen muss man in diesem Fall keinen Schlitz ausbohren oder -stemmen, sodass diese Verbindung gut für Anfänger geeignet ist, die sich zur nächsten Stufe ihres handwerklichen Könnens weiterentwickeln wollen. Normalerweise stelle ich den Zapfen mit etwa einem Drittel der Materialstärke her und richte die Kreissäge für jeden neuen Schnitt ein, indem ich die zuvor geschnittenen Teile als Lehre benutze. Stellen Sie die Schnitthöhe auf die Breite des Werkstücks ein. Planen Sie jedoch eine kleine Zugabe für das Verputzen ein – ich rechne mit 0,5-1 mm, die vom Deckel abgeschliffen werden, nachdem er verleimt worden ist.

Stellen Sie den Zapfen mit zwei Schnitten her. Falls der Zapfen mittig im Material sitzt, kann man normalerweise das Material einfach umdrehen und den zweiten Schnitt ausführen, ohne die Einstellungen zu verändern **(A)**. Dann werden mit dem Gehrungsanschlag die Zapfenbrüstungen geschnitten **(B)**. Ich verwende dabei meine Zapfenschneidevorrichtung als Stoppklotz, indem ich sie umgekehrt am Anschlag festspanne. Man kann auch einen normalen Stoppklotz benutzen, der jedoch in einiger Entfernung vom Sägeblatt angebracht werden sollte, damit der Verschnitt nicht zurückschlägt.

Verstellen Sie die Vorrichtung, um das geschlitzte Gegenstück der Verbindung zu schneiden **(C)**. Auch hier können Sie das Material für den zweiten Schnitt umdrehen, um sich ein erneutes Einstellen des Anschlags zu ersparen. Überprüfen Sie die Passung des Zapfens im Schlitz. Der Schlitz kann mit einem Nutsägeblatt geschnitten werden, bei kleinen Kästen verwende ich jedoch ein normales Blatt mit Wechselbezahnung, mit dem man eine 2 mm breite Sägefuge mit ebenem Grund erhält.

Auf Gehrung abgesetzte Überblattung

Die auf Gehrung gearbeitete Überblattung sieht eleganter aus als die einfache, zudem kann man auf der Oberseite des Deckels in diesem Fall Einlegearbeiten anbringen. Um diese Verbindung genau richtig zu schneiden, sind eventuell mehrere Probeschnitte erforderlich, es ist also empfehlenswert, zusätzliches Material zu formatieren, um die Passung zu überprüfen, bevor man die eigentliche Verbindung herstellt.

Schneiden Sie zuerst den Schlitz für die Verbindung, so wie es auf der gegenüberliegenden Seite für die normale Überblattung gezeigt wird. Um den Zapfen zu schneiden, führen Sie den hinteren Schnitt wie bei einer normalen Überblattung aus: Zuerst wird mit der Zapfenschneidevorrichtung die Wange geschnitten, dann mit dem Gehrungsanschlag die Brüstung **(A)**. Schneiden Sie dann auf der Sichtseite die Brüstung des Zapfens mit dem auf 45° eingestellten Gehrungsanschlag. Stellen Sie die Sichtseite des Zapfens mit mehreren Schnitten her. Ich halte das Material zuerst gegen den Stoppklotz und arbeite von dort nach außen **(B)**. Drehen Sie dann den Gehrungsanschlag um, und schneiden Sie die schräge Brüstung an der Sichtseite des geschlitzten Verbindungsteils **(C)**.

Deckel in Rahmenkonstruktion

Eine Konstruktion aus Rahmen und Füllung ist eine der besten Methoden, um die Langlebigkeit eines Deckels sicherzustellen. Sie erlaubt es der Füllung, im Deckel zu arbeiten, ohne die Passung des Deckels im Korpus zu beeinträchtigen. Die Nuten für die lose eingelegte Füllung werden immer zuerst geschnitten. Ich verwende in den Abbildungen ein Nutkreissägeblatt, man könnte jedoch auch mehrere Durchgänge mit einem normalen Wechselzahnblatt ausführen **(A)**. In diesem Beispiel wird die Füllung in die Seitenteile des Korpus eingenutet und der Deckel wird nach der Montage abgesägt. Ein Deckel in Rahmen-und-Füllung-Konstruktion kann jedoch auch als eigene Einheit hergestellt werden.

Um die Füllung herzustellen, werden mit einem Hartmetallsägeblatt an der Tischkreissäge zuerst die Brüstungen rings um das Material geschnitten und so die Feder herausgearbeitet **(B)**. Bei Bedarf kann man auch an der Unterseite der Füllung Schnitte anbringen, je nachdem wie der Übergang zur Oberkante des Korpus' gestaltet werden soll. Halten Sie dann die Füllung senkrecht gegen den Anschlag, und stellen Sie das Sägeblatt für den abschließenden Schnitt ein. Das Material wird dabei mit einer Druckleiste gegen den Anschlag gedrückt **(C)**.

Schneiden Sie die gegenüberliegende Seite der Feder, indem Sie die Stellung des Anschlags verschieben **(D)**. Nachdem die Feder angeschnitten worden ist, kann die Füllung an der Kreissäge oder auf dem Handoberfräsentisch weiter geformt werden. In diesem Fall versehe ich die Oberseite mit einer Fase, indem ich mit dem um 8° geneigten Sägeblatt an jeder Seite einen weiteren Schnitt ausführe. **(E)** Danach wird die Fase mit einem an der Tischkreissäge angebrachten Schleifblatt geglättet, um die Sägespuren zu beseitigen.

Sockel und Füße für Holzkästen

Füße

Sockel

- Füße als Bestandteil des Korpus (S. 87)
- Zusammengesetzte Holzfüße (S. 88)
- Gedrechselte Füße (S. 89)
- Einem Kasten Beine machen (S. 90)

- Zusammengesetzter Sockel (S. 91)
- Sockel mit profiliertem Rahmen (S. 91)
- Sockel mit geheimer Schublade (S. 92)

Ganz pragmatisch gesehen, gibt es keinen zwingenden Grund, an einem Holzkasten Füße oder einen Sockel anzubringen. Oft reicht der Boden als Standfläche. Man kann den unteren Rand profilieren, um eine optische Trennung zwischen dem Kasten und der Fläche zu schaffen, auf dem er steht, und so dafür sorgen, dass der Kasten in sich geschlossen wirkt. Wenn ich einen Kasten entwerfe, der rein funktional sein oder die Schönheit des Holzes beziehungsweise die Kunstfertigkeit der Herstellung zur Geltung bringen soll, dann lasse ich ihn oft ohne Füße und Sockel. Ob ein Holzkasten auf einem Sockel ruht, kann uns auch etwas über seine beabsichtigte Verwendung sagen. So kann ein kleiner Kasten ohne Sockel dazu auffordern, in die Hand genommen zu werden, um ihn zu benutzen und zu bewundern. Andererseits kann ein Sockel dem Kasten etwas Gewichtiges geben, sodass er eher betrachtet als gehandhabt werden sollte.

Handgefertigte Kästen aus Holz sind selten rein pragmatische Gegenstände. Obwohl unter praktischen Gesichtspunkten ein Sockel oder Füße vielleicht überflüssig erscheinen mögen, spielen sie doch eine Rolle, wenn es darum geht, einem Holzkasten einen einzigartigen Charakter zu verleihen. Durch sie kann der Handwerker auch seine eigenen Interessen und seine eigene Persönlichkeit zum Ausdruck bringen. Füße oder ein Sockel können auch dazu beitragen, den Kasten an den Einrichtungsstil der Umgebung anzupassen, indem sie Elemente aufnehmen, die mit bestimmten Epochen oder Richtungen des Möbelbaus assoziiert werden – man denke an den Jugendstil oder die Möbel der Shaker. Bei zeitgenössischen Arbeiten können Füße oder ein Sockel auch eine humorvolle Note in die Gestaltung einbringen, die durch die Verwendung von Übertreibungen oder die Gegenüberstellung von gegensätzlichen Stilen bis hin zum Absurden reichen kann.

Die Nussbaumdose mit Einlegearbeiten ist als Geschenkverpackung für ein Armband gedacht. Da es in die Hand genommen werden kann und soll, sind Füße oder ein Sockel nicht notwendig.

TEIL FÜNF

Die gedrechselten Füße aus Nussbaum an diesem Kasten aus Platane erinnern an frühe amerikanische Möbelstile, sodass es in eine eher traditionelle Umgebung passt.

Wenn man die Füße probeweise unter den Kasten anbringt, kann man leicht feststellen, was einem gefällt und was nicht. Dabei werden die ursprünglichen Ideen oft modifiziert. In diesem Fall wurde der ursprüngliche Fuß (links) verändert, um die endgültige Form zu ergeben, die rechts zu sehen ist.

Dieser Kasten aus auffällig gemasertem Bubinga wird von Beinen getragen, die mit Messingstiften befestigt sind. Die Beine erfüllen keinen praktischen Zweck, sie entstanden eher aus der spielerischen Auseinandersetzung mit dem Entwurf.

Spielerische Entwürfe

Ich fange oft bei einem fertig zusammengebauten Kasten an, noch einmal mit dem Entwurf zu spielen. Die verschiedenen Möglichkeiten lassen sich leicht erforschen, indem man kleine Holzstücke unter den Kasten stellt, die als Füße dienen können. Ich verändere ihre Größe, Form und Lage, um ein Gefühl dafür zu bekommen, wie der fertige Kasten aussehen könnte. Manchmal muss ich dann wieder von vorne anfangen und neue Teile herstellen, weil ich feststelle, dass meine ursprüngliche Idee nicht funktioniert. Mit einer Zeichnung kann man schon lange, bevor das erste Stück Holz geschnitten wird, ein Werkstück planen, aber persönlich ziehe ich es vor, mit Gegenständen zu experimentieren, anstatt mich der Herausforderung des perspektivischen und maßstabsgerechten Zeichnens zu stellen. Da das Entwerfen für mich ein spielerischer Vorgang ist, sind die Ergebnisse ebenfalls verspielt. Schrecken Sie nicht davor zurück, bei Ihren Kästen bis an die Grenzen des Designs vorzustoßen. Manchmal kann das spielerische Herangehen die beste Methode sein, um zu entdecken, was einem wirklich gefällt, und manchmal führt es auch zu wirklich neuen Ergebnissen.

Die Wirkung eines Sockels auf den Gesamteindruck des Kastens unterscheidet sich meist von derjenigen, die Füße haben. Ein Sockel kann einen Kasten gewichtiger wirken lassen, er scheint stärker mit der Fläche verbunden zu sein, auf der er ruht. Im Gegensatz dazu können Füße einen Kasten leichter erscheinen lassen. So wird also die Entscheidung für einen Sockel oder für Füße auch von den Absichten des Schöpfers abhängen.

Noch komplizierter wird es dadurch, dass man einen Sockel auch so gestalten kann, dass er leichter wirkt. Im Grunde sind die Möglichkeiten, mit dem Entwurf von Füßen und Sockeln zu spielen, fast grenzenlos. Wenn man ein eher historisierendes Aussehen anstrebt und nicht sehr daran interessiert ist, die Füße selbst herzustellen, kann man auf eine große Auswahl an vorgefertigten

SOCKEL UND FÜSSE FÜR HOLZKÄSTEN

Messingfüße sind eine ideale Ergänzung für Holzkästen im traditionellen Stil.

Ein Holzkasten aus Ahorn und Kirschbaum. Die Füße sind aus Kirsche und wurden mit dem auch am Korpus verwendeten Verfahren – Gehrungsverbindung mit eingesetzten Federn – hergestellt.

Füßen aus Holz und Messing zurückgreifen. Obwohl es mir Vergnügen bereitet, Sockel und Füße nach meinen eigenen Entwürfen herzustellen, sind solche Fertigteile doch eine gute Möglichkeit, schlichte Holzkästen aufzuwerten.

Die Herstellung von Holzfüßen

Meine Neigung, Holzkästen mit hölzernen Füßen auszustatten, beruht sowohl auf meiner Sparsamkeit als auch auf dem Wunsch, eine Vielzahl unterschiedlicher Holzbearbeitungsmethoden kennenzulernen. Warum sollte ich Geld ausgeben, wenn ich in meiner Werkstatt etwas herstellen kann, das vielleicht sogar noch interessanter ist als käufliche Produkte? Und warum Geld für etwas ausgeben, wenn es mir Spaß machen könnte, selbst zu lernen, wie man es anfertigt? Darüber hinaus habe ich festgestellt, dass ich bei Füßen, die ich selbst herstelle, die Größenverhältnisse auf den Kasten abstimmen kann, für den sie bestimmt sind. Füße können einfache Holzklötze sein, die mit Schrauben, Nägeln oder Leim am Kastenboden befestigt werden. Sie können aber auch aus mehreren Teilen montiert werden, um eine kompliziertere und wirkungsvollere Form zu erreichen. Man kann die Füße aber auch direkt aus der Wandung des Kastens ausschneiden, sie an der Drechselbank drehen, mit der Handoberfräse, Bandsäge oder Schnitzeisen formen – eigentlich mit fast jedem Werkzeug, das sich in der Werkstatt findet.

Das Drechseln von Füßen an der Drehbank ist eine Arbeit, die Übung und Können erfordert. Man muss nicht nur das Holz formen, man muss auch in der Lage sein, den gleichen Entwurf viermal präzise zu wiederholen. Das ist schwieriger als es aussieht, und ich drehe oft einige Füße mehr, um dann die vier am besten zusammenpassenden für meinen Kasten auswählen zu können. Die Befestigung der Füße (wie bei den Kasten aus Bubinga auf der gegenüberliegenden Seite)((UMBRUCH – die erwähnte box ist auf S. 84)) ist eine Herausforderung, da die Löcher für die Befestigungsdübel sehr präzise gebohrt werden müssen. Ich verwende eine einfache Lehre eigener Herstel-

Bei der Gestaltung von Sockeln und Füßen gibt es keine festen Regeln. Von links nach rechts: Ein separater Sockel; gedrechselte Füße; am Korpus befestigte Füße; Seitenteile aus Holz, die als Füße dienen.

TEIL FÜNF

Die integrierten Füße an diesen Kästen aus Lindenholz sind ein guter Ausgangspunkt für dekorative Malereien oder Schnitzereien. Der Umriss der Füße wird geschnitten, bevor man den Kasten zusammenbaut.

Der Sockel eines größeren Kastens kann den Boden aufnehmen, aber darüber hinaus auch Platz für eine Schublade bieten. Bei diesem Sockel dient der eingenutete Boden auch als Verstärkung der auf Gehrung gearbeiteten Ecken und wird so zum wichtigsten Strukturelement des Sockels. Der Sockel wird mit Schrauben am Sockel befestigt.

Der Falz an der Innenseite dieses Sockels aus Kirschbaum dient als Aufnahme für den Kastenkorpus. Beachten Sie den korrespondieren Falz an der Unterkante des Korpus, der dafür sorgt, dass Sockel und Korpus genau ineinander passen.

lung, um die Löcher zu platzieren. Füße, die Bestandteil der Kastenwände sind, können auf unterschiedliche Weise hergestellt werden. Meine bevorzugte Methode ist es, eine Schablone aus Papier auf das Holz zu kleben, und die Form dann mit der Dekupiersäge auszuschneiden. Das ließe sich zwar auch mit der Bandsäge machen, aber die Dekupiersäge hinterlässt einen so sauberen Schnitt, dass man kaum nachschleifen muss. Um identische Paare zu sägen, kann man die Teile aufeinanderstapeln und in einem Durchgang zusammen sägen.

Sockel für Kästen

Ein Sockel für einen Kasten ist normalerweise eine eigene Konstruktionseinheit. Er kann mit Leim und Schrauben am Korpus befestigt werden, der Korpus kann aber auch im Sockel ruhen und dann nur mit Leim befestigt werden. Da ein Sockel die Höhe und Breite eines Kastens vergrößert, lässt er diesen größer und imposanter aussehen. Grundsätzlich wirkt ein Kasten mit Sockel formeller, als wenn man ihn mit Füßen versehen hätte. Ein Sockel kann auch als Rahmen für den Boden des Kastens dienen oder eine Schublade aufnehmen.

Ich verwende oft Sockel, um eine Geheimschublade in einem Kasten unterzubringen. Bei Kästen mit Schubladen lässt sich im Sockel auch der Korpusboden einarbeiten, ohne Platz zu beanspruchen, den man für die Schubladen benötigt.

Indem man Teile des Sockels vor der Montage formt, kann ihm das Aussehen von Füßen gegeben werden. Die Dekupiersäge, Bandsäge oder Handoberfräse sind gleichermaßen nützlich, wenn es darum geht, einen Sockel ansprechender und leichter aussehen zu lassen. Ich schneide an der Innenseite des Sockels einen Falz als Aufnahme für den Korpus.

Füße als Bestandteil des Korpus

Wenn man Füße aus dem Korpus schneiden will, muss das von Anfang an beim Entwurf eingeplant werden. Achten Sie darauf, dass das Material für die Wände breit genug ist, um die zusätzliche Höhe herzugeben. Auch der Innenraum des Holzkastens wird durch diese Art von Füßen verringert. Andererseits bieten solche Kästen beim Entwurf eine Vielzahl von interessanten Möglichkeiten.

Ich gehe oft vom Entwurf für solche gesägten Füße aus und lasse mich dadurch zu einer Schnitzerei inspirieren. Die gleiche Arbeitsweise eignet sich auch als Ausgangspunkt, wenn man den Kasten mit Bauernmalerei schmücken will. Anstatt den Entwurf zu zeichnen, schneide ich ihn mit der Schere direkt aus Papier zu – das kommt meiner Arbeitsweise entgegen. Wenn man das Papier vor dem Schneiden durch Falten halbiert, hat man nach dem Entfalten eine Schablone mit symmetrischer linker und rechter Seite **(A)**. Befestigen Sie die Schablone mit Sprühkleber oder doppelseitigem Klebeband am Holz. Die Holzstücke werden paarweise (vorne und hinten; rechts und links) zusammen gesägt, so erhält man absolut identische Teile. Wenn Sie sich unsicher sind, ob Sie die Paare beim Sägen zusammenhalten können, lassen sie sich auch mit doppelseitigem Klebeband aneinander befestigen **(B)**. Der zusammengebaute Kasten kann dann geschliffen und oberflächenbehandelt werden **(C)**.

Zusammengesetzte Holzfüße

Das hier gezeigte Beispiel für zusammengesetzte Füße wird anfangs wie ein Sockel hergestellt, indem man das Material zu einem rechtwinkligen Rahmen verleimt. Dann werden die Füße an der Kreissäge geformt und gleichzeitig zu einzelnen Teilen getrennt. Es ist viel leichter, mit einem solchen Rahmen zu arbeiten, als zu versuchen, die Füße einzeln zu verleimen und zu profilieren. In diesem Fall wurde der Kasten mit gefederten Gehrungsecken hergestellt, für die Füße verwendete ich deshalb die gleiche Verbindungstechnik.

Verleimen Sie zuerst die auf Gehrung geschnittenen Bestandteile mit einem Rahmenspanner **(A)**. Lassen Sie den Leim trocknen, und schneiden Sie dann die Schlitze für die Federn mit der Schlitzvorrichtung an der Tischkreissäge. Leimen Sie die Federn ein, und schleifen Sie sie bündig, wenn der Leim getrocknet ist.

> **Vgl. Gehrungsverbindung mit eingeleimten Federn an der Tischkreissäge auf S. 49)**

Für den ersten Schnitt wird der Rahmen aufrecht gegen den Anschlag gestellt und das Kreissägeblatt um den gewünschten Winkel geneigt **(B)**. Mit den nächsten Schnitten wird der Grundriss der Füße festgelegt. Beachten Sie, dass diese Schnitte das Material nicht vollkommen durchtrennen sollten, die nachfolgende Arbeit ist sicherer auszuführen, wenn die Füße noch zusammenhängen **(C)**. Trennen Sie den Rahmen dann an der Tischkreissäge oder Bandsäge in die einzelnen Füße. Mit den letzten Schnitten an der Tischkreissäge werden die Füße auf Endmaß gebracht. Befestigen Sie Stoppklötze am Schlitten, damit Sie die Füße rechts und links auf die endgültige Länge schneiden können **(D)**. Bringen Sie an der Ständerbohrmaschine versenkte Schraubenlöcher an den Füßen an, um sie an der Unterseite des Kastens befestigen zu können **(E)**.

Gedrechselte Füße

Füße für einen Holzkasten an der Drechselbank zu drehen, ist eine angenehme Aufgabe, die allerdings Übung voraussetzt, um zu guten Ergebnissen zu kommen. Eine der Herausforderungen besteht darin, vier gleiche Füße zu drehen, die alle die gleiche Form und Höhe haben und einen Zapfen aufweisen, der genau in die vorgesehene Aufnahme passt. Ich drehe oft mehr Füße, als ich brauche, damit ich die besten vier für den Kasten auswählen kann. Vor dem Drehen werden die Kanten der Rohlinge an der Tischkreissäge abgesägt. Der so entstandene achteckige Querschnitt erleichtert das Einspannen im Futter und macht es auch einfacher, zu gleichgroßen Füßen zu kommen.

Drehen Sie zuerst einheitliche Zylinder, und formen Sie dann den ersten Fuß **(A)**. Ich verwende verschiedene Eisen, um die Form herauszuarbeiten und steche dann mit dem Abstechstahl den Zapfen auf die gewünschte Länge ab. Benutzen Sie als Lehre beim Drehen des Zapfens am Ende des Fußes einen Maulschlüssel in der Größe des Bohrers, mit dem Sie das Aufnahmeloch in den Kastenboden bohren werden. Wenn sich der Maulschlüssel über den Zapfen schieben lässt, hat dieser den richtigen Durchmesser **(B)**. Verwenden Sie den ersten Fuß als Schablone, wenn Sie die anderen drehen. Reißen sie mit einem Stift das Profil an **(C)**. Schleifen Sie die Füße, bevor Sie sie ausspannen.

Um die Füße anzubringen, bohre ich die Aufnahmelöcher an der Ständerbohrmaschine. Der Kasten wird dabei mit Stoppklötzen in der richtigen Lage fixiert **(D)**. Falls Ihre Füße nicht gleich lang sind (was häufig vorkommt), schleifen Sie die längeren Füße mit Schleifpapier auf einer ebenen Fläche ab, bis der Kasten stabil steht, ohne zu wackeln.

TEIL FÜNF

Einem Kasten Beine machen

Wenn man Beine an einen Holzkasten anbringt, kann ihm das ein zeitgenössisches Aussehen geben. Sie können direkt am Kasten befestigt oder – wenn man einen auffälligen Effekt erreichen möchte – mit Distanzhaltern angebracht werden. Bei dem Kasten, der in den Abbildungen gezeigt wird, habe ich kurze Stücke einer 3 mm starken Messingstange als Distanzhalter verwendet, um die Beine zu befestigen. Solche Messingstangen werden beim Hartlöten verwendet und können im entsprechenden Zubehörhandel erworben werden. Die Beine können mit der Handoberfräse, Dekupiersäge, Bandsäge, an der Drechselbank oder dem stationären Bandschleifer in jede beliebige Form gebracht werden, die zu Ihrem Entwurf passt. Allerdings sollten Sie die Formarbeit erst vornehmen, wenn Sie die Löcher gebohrt haben. Eine präzise Befestigung der Beine erreicht man durch die Verwendung einer kleinen Bohrschablone.

Geben Sie der Schablone genau die gleiche Breite wie den Beinen. Neigen Sie das Blatt der Tischkreissäge auf 45°, und schneiden Sie eine V-förmige Kerbe in den Schablonenblock. Ich schneide dazu von einer Seite in den Block, drehe ihn um und schneide dann von der anderen Seite den zweiten Schnitt **(A)**. Versehen Sie den Schiebeschlitten an der Tischkreissäge mit einem Stoppklotz, um die Beine und die Schablone alle auf die gleiche Länge zu schneiden. Bohren Sie dann gleichzeitig Löcher in die Schablone und alle Beine, damit die Löcher genau übereinstimmen. Diese Arbeit muss an der Ständerbohrmaschine ausgeführt werden. Die Lage der Bohrlöcher wird durch einen Stoppklotz festgelegt **(B)**.

Spannen Sie an der Bohrschablone einen kleinen Stoppklotz fest, um ihre Position am Kasten festzulegen. Halten Sie die Schablone fest an eine Ecke des Kastens, und bohren Sie die Aufnahmelöcher für die Messingstangen **(C)**. Ich habe die Messingstange mit einem alten hartmetallbestückten Sägeblatt an der Kreissäge auf Länge geschnitten (tragen Sie bei dieser Arbeit unbedingt eine Schutzbrille). Man könnte sie auch in Handarbeit mit einer Metallbügelsäge ablängen oder Holzdübel statt der Messingstangen verwenden. Die Messingstangen habe ich mit einer Polierscheibe an der Ständerbohrmaschine poliert. Schieben Sie dann die Messingstangen in die Beine, und hämmern Sie sie in den Kastenkorpus **(D)**. Mit einem Tropfen Epoxidkleber werden die Stangen befestigt, man sollte jedoch einen Kleber mit langer Abbindezeit verwenden, damit bei der Montage keine Hektik aufkommt.

Zusammengesetzter Sockel

Dieser zusammengesetzte Sockel besteht aus einem auf Gehrung gearbeiteten Rahmen, der eine Sperrholzplatte einfasst. Der Sockel dient gleichzeitig als Boden des Kastens. Schneiden Sie zuerst die Gehrungen an, und versehen Sie dann an der Tischkreissäge die Stücke innen mit einem Schlitz (**A**, bitte beachten Sie auch den Text zu Bild A S. 92). Wenn man 2 mm starkes Birkensperrholz verwendet, reicht ein Schnitt in jedem Stück. Bei stärkerem Material muss man mehrere Schnitte ausführen.

Um einen stabilen Boden zu erhalten, sollten die Schnitte ungefähr bis zur Mitte der Rahmenteile reichen. Schleifen Sie die Innenkanten der Rahmenteile, bevor Sie den Sockel zusammenbauen. Geben Sie Leim an die Verbindungsflächen der Gehrungen und in die Schlitze, sodass das Sperrholz an allen Seiten gut befestigt ist (**B**). Spannen Sie den Sockel ein, während der Leim trocknet (**C**). Nach der Montage kann die Außenseite des Sockels noch weiter geformt werden. Befestigen Sie dann den Sockel mit Schrauben an den Unterkanten des Kastens (**D**).

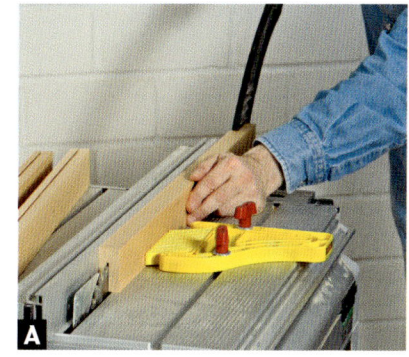

Sockel mit profiliertem Rahmen

Um einen kleinen profilierten Sockel für einen Kasten herzustellen, beginne ich mit der Formgebung, bevor ich die Teile auf Endmaß zuschneide. Profilieren Sie mit einem Nutfräser am Handoberfräsentisch das Material. Die Bewegung des Materials am Anschlag entlang wird durch einen Stoppklotz bestimmt (**A**). Da es bei dieser Arbeit zu starken Faserausrissen kommen kann, sollten Sie mehrere Durchgänge mit geringer Schnitttiefe ausführen, von rechts nach links fräsen und deutlich vor dem Ende des Schnitts absetzen. Drehen Sie das Material um, und fräsen Sie die gegenüberliegende Seite des Stücks. Um ein ähnliches Muster in die kurzen Stücke für die Seitenteile zu fräsen, müssen Sie die Stoppklötze entsprechend umsetzen. Sie können den Sockel nach Wunsch durch verschiedene Schnitte mehr oder weniger aufwendig gestalten (**B**). Fräsen Sie in die obere Kante einen Falz als Aufnahme für den Kasten. Schneiden Sie die Teile auf Gehrung, und bauen Sie den Sockel zusammen (**C**).

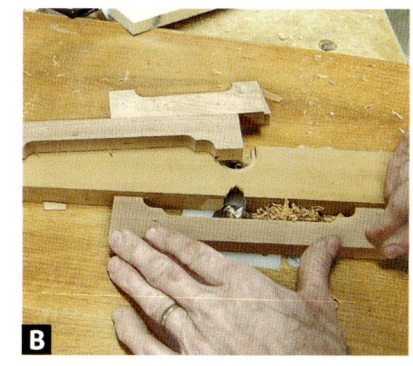

TEIL FÜNF

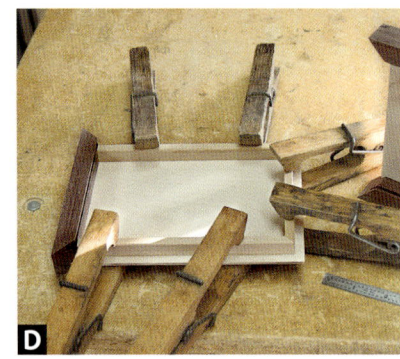

Sockel mit geheimer Schublade

In einem Sockel kann man gut eine geheime Schublade unterbringen. Ich versehe manche meiner Kästen mit Sockeln, in denen solche Schubladen versteckt sind. Drei Seiten des Sockels sind fest mit dem Holzkasten verbunden, die vierte Seite wird zum Vorderstück einer kleinen Schublade. In diesem Beispiel bestehen der Boden des Kastens und der Schubladenboden beide aus Birkensperrholz in 2 mm Stärke und sind genau gleich groß. Der Schubladenboden ragt über die Schubladenseiten hinaus und läuft in Führungsnuten an der Innenseite des Sockels.

Schneiden Sie zuerst die Teile des Sockels auf Länge und Gehrung, und versehen Sie dann die Innenseiten an der Tischkreissäge mit Nuten.

Benutzt man die Tischkreissäge zum Nuten, sollten die Werkstücke aus Sicherheitsgründen nicht zu kurz sein. Daher ist es ratsam, die die Leisten erst nach dem Nuten auf die gewünshcte Länge zu kürzen. Eine Andruckfeder, etwa 40mm vor dem Sägeblatt angebrachr, sorgt für gleichmäßigen Druck gegen den Parallelanschlag und somit für einen präzisen und sauberen Sägeschnitt. Unbedingt Schiebestock benutzen, sobald das Leistenende die Andruckfeder erreicht hat, nicht mit den Fingern weiterschieben! Normalerweise sollte ein Schnitt reichen, vergewissern Sie sich jedoch, dass die Passung nicht zu eng oder lose ist. Jedes der vier Teile wird mit zwei Nuten versehen **(A)**. Geben Sie Leim in die Nuten für den Kastenboden, achten Sie aber darauf, keinen Leim in die Sägenut des Schubladenvorderstücks zu geben. Damit wird der Kastenboden an drei Seiten festgeleimt **(B)**. Spannen Sie die Teile beim Verleimen mit einem Rahmenspanner ein **(C)**. Verleimen Sie den Schubladenboden mit dem Schubladenvorderstück.

Die Seitenteile der Schublade entstehen, indem man Holzstücke direkt am Schubladenboden festleimt und dabei genügend seitlichen Freiraum lässt, dass sich die Schublade in den Seitenteilen des Sockels bewegen lässt.**(D)** Profilieren Sie die Außenseiten des Sockels, bevor Sie den Sockel schleifen und am fertigen Kasten befestigen **(E)**. Verwenden Sie dazu Kunstharzkleber, und sichern Sie die Stücke mit Klebeband oder Küchenfolie, während der Kleber trocknet **(F)**.

Die Innenausstattung

TEIL SECHS — DIE INNENAUSSTATTUNG

Unterteilungen und Tabletts

> Einfache überblattete Unterteilungen (S. 99)
> Tablett mit Unterteilungen (S. 100)
> Tablett mit Auskehlung (S. 101)

Schubladen

> Schubladen mit Nut-und-Feder-Verbindungen (S. 102)

Innenverkleidungen

> Beflockungen (S. 104)
> Verkleidungen aus Webmaterialien (S. 105)
> Verkleidungen aus nicht gewebten Stoffen (S. 106)

Das Innere eines Holzkastens zu gestalten, ist eine genauso große Herausforderung wie die Arbeit am Äußeren. Ein Kasten mit Innenausstattung kann komplizierter herzustellen sein als ein großes Möbelstück. Er kann Tabletts aufweisen, die herausgenommen oder verschoben werden können, vielleicht gibt es auch Unterteilungen, Schubladen, Türen, Aufhänger oder andere Ausstattungsteile. Jedes dieser Teile erhöht die Nützlichkeit des Kastens, vor allem wenn es darum geht, kleine Gegenstände sicher aufzubewahren, die besondere Sorgfalt und eine gewisse Ordnung benötigen. Zu den kompliziertesten und anspruchsvollsten Holzkästen gehören Schmuckschatullen, die sehr viel Planung und Vorausdenken erfordern. Bewegliche Teile im Inneren eines Holzkastens setzen hohe Präzision voraus und können sogar erfahrene Handwerker vor Herausforderungen stellen.

Durch diese Innenausstattung wird ein leerer Holzkasten zu einem nützlichen Aufbewahrungsbehälter und manchmal auch zu einem Konstruktionswunder. Die Gleichung geht jedoch erst auf, wenn man auch ihre andere Hälfte betrachtet: „Halt' es schlicht und einfach!" Ein Begleitumstand der Komplexität ist die Gefahr, Fehler zu machen. Wenn man also einen komplizierten Kasten bauen möchte, stellt sich die Frage: Wie kann ich ihn so einfach wie möglich machen?

Modelle und Probestücke

Schlichte Kästen können zwar oft mit geringem Planungsaufwand hergestellt werden, wenn ich jedoch einen komplizierteren Holzkasten baue, greife ich oft auf ein einfaches Modell des ganzen Kastens oder auf Probestücke der beweglichen Teile zurück. Solche Modelle und Probestücke helfen dabei, Entwurfsprobleme zu lösen und zu einem besseren Verständnis der beweglichen Teile zu kommen, als es eine Zeichnung alleine leisten könnte. Wenn ich zum Beispiel eine Schmuckschatulle mit einem Tablett mit Scharnieren

TEIL SECHS

> **Drei Regeln, um sich die Arbeit zu erleichtern**
>
> Man muss nicht immer wieder das Rad von Neuem erfinden, auch bei der Herstellung eines Holzkastens. Und wenn Sie noch Anfänger sind, versuchen Sie nicht, bei Ihrem ersten Kasten alles gleichzeitig zu lernen. Die Dinge neigen dazu, kompliziert zu werden. Auch als Fortgeschrittener versuche ich, die folgenden drei Regeln zu beherzigen, um Komplikationen und Fehler zu vermeiden.
>
> 1. Fertigen Sie von beweglichen Teilen Arbeitszeichnungen oder Modelle im Maßstab 1 : 1 an. Bei den meisten kleinen Kästen ist es einfacher, solche Modelle oder Zeichnungen herzustellen, als es bei Möbelstücken wäre. Beide Varianten helfen Ihnen, Probleme im Entwurf frühzeitig zu erkennen.
>
> 2. Verwenden Sie für den Korpus und die Innenausstattung des Kastens die gleichen Verbindungen. So bleibt der Lernaufwand in Grenzen, und Sie können neue Verfahren besser üben.
>
> 3. Planen Sie die Arbeitsabfolge sorgfältig. Man erliegt leicht der Versuchung, zu hastig zu arbeiten, Schnitte an Teilen auszuführen, die am zusammengebauten Kasten leichter wären, oder umgekehrt Schnitte zu vergessen, die mit höherer Genauigkeit an losen Teilen gemacht werden können als am fertigen Werkstück.

ausstatte, stelle ich die Teile zuvor aus dünnem Sperrholz oder dünner Spanplatte her. So kann ich die Teile bei allen möglichen Bewegungen betrachten.

Verbindungen für die Innenausstattung

Glücklicherweise kann die Innenausstattung für einen Kasten mit Techniken hergestellt werden, die man auch bei der Herstellung des Korpus anwendet. Die gesamte Bandbreite der Verbindungen, von Gehrungen mit eingeleimten Federn bis hin zu Schwalbenschwanzzinkungen können für Türen, Tabletts, Unterteilungen und Schubladen eingesetzt werden. Ich verwende oft die gleiche Verbindung für die Ecken eines Korpus und das Tablett, das in den Kasten eingesetzt wird. So werden durch den Entwurf Inneres und Äußeres optisch vereinheitlicht.

Es lohnt jedoch, sich mit der Frage zu beschäftigen, ob das Innere des Kastens das Äußere widerspiegeln soll, oder ob es eher Überraschungen bergen soll. Bei einem Kasten mit Schwalbenschwanzeckverbindungen verwende ich für die Schublade oft eine einfachere Schlitz-und-Zapfen-Verbindung, da sie nicht nur leichter zu arbeiten ist, sondern für die Größe der Schublade eine vollkommen hinreichende Stabilität bietet. Andererseits kann es auch sein, dass ich mir bei der Innenausstattung besondere Mühe gebe und besonders hochwertige Techniken wie etwa handgeschnittene Schwalbenschwanzverbindungen einsetze, um das Aussehen des Inneren aufzuwerten.

Arbeitsplanung

Ein Verständnis dafür zu entwickeln, in welcher Reihenfolge das Holz zugeschnitten und die Verbindungen ausgearbeitet werden sollten, gehört zum Lern- und Entwicklungsprozess des Holzhandwerkers. Während man Erfahrungen bei der Herstellung von Holzkästen sammelt, werden einige Dinge offensichtlich. So sind zum Beispiel die Seiten der Schmuckschatulle im obenstehenden Foto als Rahmen mit Gehrungen konstruiert,

DIE INNENAUSSTATTUNG

Ein Schmuckkasten kann nicht nur einen Deckel aufweisen, sondern auch noch Türen und Schubladen – nicht weniger kompliziert als ein großes Möbelstück, nur sehr viel kleiner.

Ein kleiner Schrank für Schmuck birgt manche Überraschung: stoffbezogene Schwenkflügel für Broschen und Ohrringe und Schubladen mit Schwalbenschwanzzinkungen.

Hier sieht man ein einfaches Modell eines Deckels mit Scharnier und beweglichem Tablett, dahinter der Holzkasten, für dessen Konstruktion es benutzt wurde. Anhand des Modells wurden die Abmessungen für die inneren Teile und die genaue Lage der Beschläge ermittelt.

die durch kleine Formfedern verstärkt werden. In jeden Rahmen ist eine lose Füllung eingepasst. Es ist sinnvoll, die Aufhänger für Halsketten vor der Montage zu bohren, und die Schubladenführungen zu fräsen, nachdem die Seitenteile zusammengebaut worden sind. In diesem Fall war der Grundgedanke, dass die Aufhängungen in die lose Füllung gebohrt werden sollten, was mit hinreichender Genauigkeit nach der Montage nur schwer möglich gewesen wäre. Im Gegensatz dazu würden sich die Schubladenführungen nur mit Schwierigkeiten in lose Teile fräsen lassen, bevor diese zu größeren Einheiten zusammengebaut wurden.

Eine einfache Richtlinie für die Arbeitsreihenfolge beim Formen von Einzelteilen ist: Falls es der Genauigkeit entgegenkommt, wenn man ein kleines Teil vor der Montage bearbeitet, tut man dies zuerst. Andernfalls wartet man, bis die Teile zusammengebaut worden und als Einheit einfacher zu handhaben sind.

Schubladen

Manche der Holzkästen, die ich herstelle, sind eigentlich kleine Kommoden. Mit Schubladen lässt sich auf einfache Weise hochorganisierter Stauraum im Inneren eines Kastens schaffen. Man kann im Sockel eines Kastens Schubladen unterbringen, man kann aber auch den Kasten selbst so gestalten, dass dem Korpus Schubladen hinzugefügt werden können. In beiden Fällen dienen

Die Nuten für die Schubladenführungen wären an den einzelnen Teilen nur schwer zu fräsen, man sollte also warten, bis man die Seitenrahmen zusammengebaut hat, um sie dann leichter und genauer zu schneiden.

Fachunterteilungen mit überlappenden Teilen können als Einheit hergestellt und dann in Schubladen, Tabletts oder im Korpus installiert werden.

Tabletts können auf einfachen Leisten verschoben werden, die man in die Seiten des Kastens eingenutet hat. Sie ermöglichen eine gute Raumausnutzung und können bei Bedarf herausgenommen werden, um an darunter Liegendes zu gelangen.

Holzleisten, die in die Seiten eingenutet werden, als einfach Führungen, die das Gewicht der Schublade tragen.

Im Wesentlichen ist eine Schublade nichts anderes als ein Kasten ohne Deckel, der in einer Führung läuft. Ich fertige Schubladen oft mit einfachen Schlitz-und-Zapfen-Verbindungen an. Die größte Herausforderung ist das Anreißen und genaue Fräsen der Führungen in der Schublade und im Kastenkorpus. Meine Schubladen schließen meist bündig mit dem Korpus ab. Auf diese Weise kann ich bei der letzten Anpassung an den Seiten, oben und unten noch etwas verputzen, um eine perfekte Passung und leichtgängige Öffnung zu erreichen.

Teile und herrsche!

Die Nützlichkeit eines Kastens lässt sich am leichtesten erhöhen, indem man ihn mit Unterteilungen versieht. Unterteilungen sorgen dafür, dass das Innere des Kastens kleine Gegenstände wie Schmuck, Sammelstücke und Schreibbedarf aufnehmen und geschützt aufbewahren kann. Eine Unterteilung lässt sich am einfachsten mit einer Überblattung herstellen. Neben der Einfachheit der Herstellung spricht auch die Flexibilität von

Unterteilungen für sie: Man kann sie herausnehmbar gestalten oder sogar nachträglich in einen fertigen Kasten einfügen. Bei kleinen Tabletts, bei denen eine überblattete Unterteilung zu viel Platz einnehmen würde und die einzelnen Fächer deshalb zu klein würden, um effektiv genutzt zu werden, verwende ich eine einfache Unterteilung, die vor der Montage lediglich in die Seitenteile eingenutet wird.

Tabletts

Verschiebbare Tabletts sind eine weitere einfache Methode, das Innere eines Kastens nützlich zu machen. Wenn man das Tablett bereits bei der Planung des Kastens berücksichtigt, kann man Leisten in die Kastenseiten einnuten, die als Träger für das Tablett vollkommen ausreichen. Ein solches Tablett lässt sich aus dem Kasten heben, wenn man Zugriff auf den darunter liegenden Raum braucht. Komplizierter sind Tabletts, die automatisch angehoben werden, wenn man den Deckel des Kastens öffnet, sie müssen sorgfältiger geplant werden. Es gibt Beschläge, die den Einbau solcher Tabletts wesentlich einfacher gestalten, als wenn man den Hebemechanismus selbst baut. Man sollte diese Beschläge jedoch kaufen, bevor man sich an die Planung des Kastens wagt, da die Abmessungen des Kastens und des Tabletts darauf abgestimmt werden müssen, um sicherzustellen, dass die Beschläge auch Platz finden.

Tabletts für Kästen können auf viele unterschiedliche Weisen angefertigt werden. Ausgekehlte Tabletts sind besonders für kleine Gegenstände wie Briefmarken oder Papierklammern nützlich, die man nur schwer aus den Tiefen eines normalen Tabletts herausklauben könnte. Man kann Tabletts auch mit vielen der üblichen Holzverbindungen herstellen. Für kleine Tabletts eignen sich Schlitz-und-Zapfen-Verbindungen, eingeleimte Federn und Gehrungsverbindungen. Die Tabletts, die ich bei meinen Kästen benutze, sind in Wesentlichen kleine Kästen ohne Deckel, aber mit zusätzlichen Unterteilungen, mit denen sich kleine Gegenstände besser organisieren und schützen lassen.

Ein verschiebbares Tablett mit Auskehlung ist eine gute Möglichkeit, kleinere Gegenstände aufzubewahren.

Diese Schubladen sind mit Schlitz-und-Zapfen-Verbindungen konstruiert. Sie werden von Leisten geführt, die in die Seitenteile eingenutet sind. Fertigen Sie die Schubladen zuerst mit enger Passung, und entfernen Sie dann etwas Material, bis sie leichtgängig zu bewegen sind.

Für die Innenverkleidung eines Kastens stehen viele verschiedene Materialien zur Verfügung – unter anderem Schaumstoff, Webstoffe, Wellpappen, Leder, handgeschöpfte Papiere. Fachgeschäfte für Bastelbedarf sind eine gute Gelegenheit, um sich nach solchen Materialien umzusehen.

Innenverkleidungen

Die Gegenstände, die in einem Kasten aufbewahrt werden, können durch eine Innenverkleidung mit einem schönen Stoff geschützt werden. Oft werden Sprühbeflockungen verwendet, um schnell eine Innenverkleidung für Kästen herzustellen. Ich finde, dass diese Methode nicht unbedingt zu hochwertigen Holzkästen passt, und verwende sie nur bei unregelmäßig geformten Kästen, die mit anderen Methoden nur schwer innen zu verkleiden sind. Mein Lieblingsmaterial für Innenverkleidungen ist Ultrasuede, ein synthetisches Wildleder. Es ist zwar kostspielig, lässt sich aber mit einem Rollmesser, wie sie Polsterer verwenden, gut und genau zuschneiden. Die relativ hohen Kosten des Materials werden durch die einfache Anbringung wettgemacht: Ultrasuede wird einfach auf das Holz geleimt, es muss nicht mit einer Unterfütterung versehen werden.

Auf ähnliche Weise können Leder, handgeschöpftes Papier, Filz und andere nicht gewobene Stoffe für die Innenverkleidung verwendet werden – man schneidet sie mit einem Rollmesser genau zu und leimt sie ein. Webstoffe wie Samt oder Velours neigen an den Kanten zum Ausfransen und sind deshalb etwas aufwendiger zu verarbeiten. Ich befestige solche Stoffe mit Sprühkleber an einer Unterlage aus Karton, um sie dann mit Leim an den Innenseiten von Tabletts und auf den Innenböden von Kästen zu befestigen.

Einfache überblattete Unterteilungen

Am einfachsten lassen sich überblattete Unterteilungen für die Innenausstattung eines Holzkastens mit einem Nutsägeblatt an der Tischkreissäge herstellen. Stellen Sie das Nutsägeblatt zuerst so ein, dass die Schnittbreite der Stärke des verwendeten Materials entspricht. Stellen Sie die Schnitthöhe auf die halbe Höhe des Materials ein, und verwenden Sie einen Stoppklotz, um die Position des Schnitts festzulegen **(A)**. Wenn man Material unterschiedlicher Höhe verwendet, können die oberen Kanten im Vornhinein profiliert werden und an den Überblattungen dennoch auf ansprechende Art aufeinandertreffen. Im abgebildeten Beispiel betrug der Höhenunterschied 4 mm, und die Kanten wurden mit einem 3-mm-Viertelstabfräser abgerundet **(B)**. Streben Sie eine vor dem Schleifen enge Passung an, sodass die Teile nach dem Schleifen gut ineinander passen **(C)**.

Tablett mit Unterteilungen

Bei kleinen Tabletts versuche ich, so wenig Platz wie möglich für die Fachunterteilungen zu verschwenden. Wenn man Material bis hinunter zu einer Stärke von 3 mm verwendet und es in die Tablettseiten einnutet, erhalten die Unterteilungen hinreichende Stabilität, ohne den Zusammenbau unnötig zu erschweren.

Schneiden Sie zuerst die Seitenteile des Tabletts auf Maß, und schneiden Sie die Verbindungen an. In diesem Fall verwendete ich Gehrungen mit eingeleimten Federn. Schneiden Sie in diesem Stadium auch schon die Nut für den Boden. Reißen Sie an den Seitenteilen die Lage der Unterteilungen an, und spannen Sie einen 3-mm-Nutfräser in die Handoberfräse im Handoberfräsentisch ein. Die Schnitte sind abgesetzt, Sie müssen das Material also vorsichtig auf den Fräser absenken. Legen Sie die Länge der Schnitte mit Stoppklötzen fest **(A)**. Beim Absenken des Materials müssen Sie konzentriert arbeiten, damit das Holz plan am Anschlag anliegt. Ich plane die Schnittbreite so, dass ich die Fräse nur einmal einrichten muss, um die Schnitte am Vorder- und Rückteil des Tabletts auszuführen **(B)**. Beim Zusammenbau werden die Unterteilungen und der Boden in Stellung gebracht, bevor man die Eckverbindungen verleimt. Die Unterteilungen müssen nicht eingeleimt werden **(C)**.

UNTERTEILUNGEN UND TABLETTS

Tablett mit Auskehlung

Mit einem großen Hohlkehlfräser (hier R 25,4 ⌀ 50,8) können Sie auf einem Frästisch auch hohlkehlförmige Schachteln oder Tabletts herstellen. Fräsen Sie aber nicht zuviel in einem Arbeitsgang aus der Leiste heraus (max. 10 mm Frästiefe pro Fräsgang). Den flachen Rest in der Mitte der Leiste (kleines Foto) fräsen Sie anschließend mit einem breiten Nutfräser (ab 20 mm) heraus. **(A)**. Ich verwende Rohmaterial, das deutlich länger ist als das spätere Tablett, da ich so den Schnitt besser kontrollieren kann. Drehen Sie das Material zwischen den Schnitten in Längsrichtung, um einen breiteren und flacheren Boden zu erzielen. Schleifen Sie die fertige Hohlkehle mit einem Rundstab, um den Sie Schleifpapier gewickelt haben **(B)**.

Um das ausgekehlte Tablett mit Unterteilungen zu versehen, verwenden Sie einen 4-mm-Fräser im Handoberfräsentisch und bewegen das Tablett zwischen Stoppklötzen. Dabei muss die Schnitthöhe schrittweise erhöht werden, der Schnitt kann nicht in einem Durchgang ausgeführt werden **(C)**. Schneiden Sie die Unterteilung aus Vollholz zu, und leimen Sie sie in die gefräste Nut. Die Endstücke werden ebenfalls festgeleimt **(D)**; da das Tablett hier jedoch Hirnholz aufweist, muss die Verbindung mechanisch verstärkt werden. Ich verwende dazu 3 mm starke Holzdübel, man könnte jedoch auch auf Drahtstifte zurückgreifen.

Variante: Anstatt das Tablett vollkommen glatt zu schleifen, kann man die Sägespuren am Boden auch belassen. Die rauere Oberfläche erleichtert es, kleine Gegenstände wie Büroklammern und Münzen zu ergreifen.

Schubladen mit Nut-und-Feder-Verbindungen

Für eine Schublade mit Nut-und-Feder-Verbindungen werden zuerst die Nuten gefräst. Da das Schubladenvorderstück im Beispiel auf den Korpus aufschlägt, wird die Nut entsprechend nach innen versetzt. Mit dem Stück Restholz im Vordergrund wurde die Lage des Fräsers und der Stoppklötze ermittelt **(A)**.

Verwenden Sie einen Nutfräser am Handoberfräsentisch, um die Federn zu schneiden **(B)**. Die Passung der Feder ist gut, wenn er sich leicht in die Nut schieben lässt, aber nicht von alleine wieder abfällt, wenn man die Verbindung hochhebt. Decken Sie den Fräser zur Sicherheit mit einem Stück Restholz ab, in der Abbildung ist diese Sicherheitsvorrichtung entfernt worden, um den 30-mm-Nutfräser zu zeigen, mit dem die Feder geschnitten wird. Beachten Sie, dass die Öffnung im Einsatz des Handoberfräsentischs den gleichen Durchmesser hat wie der Fräser, damit das Material während des Fräsens gut abgestützt wird **(C)**. Um einem sauberen und genauen Schnitt zu erzielen, wird das Material zwischen Fräser und Anschlag geführt. Schneiden Sie Nuten für den Boden in die Vorder- und Hinterstücke und die Seitenteile der Schubladen. Verwenden Sie Stoppklötze, damit Sie nicht in die Nuten der Eckverbindungen schneiden **(D)**.

SCHUBLADEN

Die Schubladenführungen in den Seitenteilen des Kastens werden am Anschlag auf dem Handoberfräsentisch geschnitten. Ich verwende dazu einen 4-mm-Nutfräser und wiederum Stoppklötze, um die Länge der Schnitte zu bestimmen **(E)**. Mit dem gleichen Fräser werden dann korrespondierende Nuten in die Seitenteile der Schubladen geschnitten. Verschieben Sie den Anschlag nach dem ersten Schnitt um ein Geringes, um so die Schnittbreite etwas zu vergrößern und so sicherzustellen, dass sich die Schublade leichtgängig auf der Führung bewegen lässt **(F)**. Um die Schubladen in den Korpus einzupassen, muss die Entfernung zwischen Fräser und Anschlag sorgfältig gemessen und eingestellt werden. Bei Kästen mit mehreren Schubladen sollte man mit der untersten beginnen und sich noch oben arbeiten, indem man jede Schublade sorgfältig einpasst, bevor man mit der nächsten weitermacht **(G)**.

Beflockungen

Die Innenseiten von unregelmäßig geformten Kästen lassen sich schnell und leicht verkleiden, indem man sie beflockt. Das Beflockungsmaterial besteht aus kurzen Synthetikfasern, die normalerweise mit einer Luftdruckpistole oder Sprühflasche gleichmäßig auf eine kleberbeschichtete Fläche aufgebracht werden. Mit einer Beflockung lassen sich kleine Fehler in der Oberfläche kaschieren.

Bei einem kleinen Kasten wird der farbige Kleber mit einem Pinsel auf die Innenflächen des Kastens aufgetragen **(A)**. Anstatt die Luftdruckpistole zu verwenden, die man bei größeren Flächen benutzt, schütte ich in diesem Fall etwa einen Esslöffel des Beflockungsmaterials in den Kasten, schließe den Deckel und schüttele, bis sich das Material gleichmäßig auf den Innenflächen verteilt hat. Diese einfache Methode ist weniger verschmutzungsträchtig und geht sparsamer mit dem Material um **(B)**. Überschüssiges Beflockungsmaterial wird in den Beutel zurückgeschüttet und kann später wiederverwendet werden. Der Kasten wird dann zum Trocknen aufgestellt, bevor er genutzt werden kann **(C)**.

INNENVERKLEIDUNGEN

Verkleidungen aus Webstoffen

Bei Webstoffen wie Velours und Velveton müssen die Kanten besäumt oder sonst geschützt werden, damit sie nicht ausfransen. Man kann sie leicht dagegen schützen, indem man den Stoff an einem Träger aus Karton oder anderem dünnen Material befestigt und die Kanten nach hinten umschlägt. Postkartenkarton ist gut geeignet, ich habe auch schon dünne Laminatstreifen verwendet, wenn ein steiferer Träger nötig war.

Versehen Sie die Rückseite des Stoffes mit einem Sprühkleber. Wenn man das gesamte Stück Stoff in einem Zug mit Kleber versieht, ist die Arbeit sauberer. Legen Sie die Stücke des Trägermaterials so auf den kleberbeschichteten Stoff, dass am Rand jeweils genug Überstand vorhanden ist, um ihn nach hinten umzuschlagen **(A)**. Schneiden Sie dann die einzelnen Stücke mit der Schere aus **(B)**. Entfernen Sie den Stoff an den Ecken, damit es beim Umschlagen nicht zu Überlappungen kommt. Um die bezogenen Stücke in den Kasten einzuleimen, muss man Zwingen verwenden, vor allem wenn es lange, schmale Seitenstücke sind. Die Innenverkleidung sollte angebracht werden, bevor man den Kasten mit Scharnieren versieht. Verwenden Sie eine Holzzulage, um zu verhindern, dass die Zwingen den Stoff verschieben **(C)**.

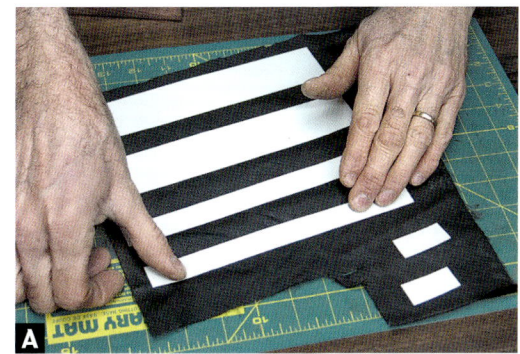

Verkleidungen aus nicht gewobenen Stoffen

Nicht gewobene Stoffe können mit einem Rollschneider zu hochwertigen und widerstandsfähigen Innenverkleidungen geschnitten werden. Das Geheimnis des genauen Zuschnitts liegt in der Verwendung einer Schablone in der genauen Größe des Kastens oder Tabletts, die zu verkleiden sind. Ich verwende dafür Hartfaserplatte und schneide die Schablone sehr genau auf die gewünschte Größe zu. Nicht gewobene Stoffe sind mit der Schere nur schwer genau zu schneiden, aber mit einem Rollschneider lässt sich gut an den Rändern der Schablone entlangfahren, man erhält so eine sehr gute Passung **(A)**. Drücken Sie die Schablone fest auf den Stoff, und schneiden Sie die Ränder nacheinander. Bei kräftigeren Stoffen oder einer etwas stumpfen Klinge im Rollschneider muss man eventuell mehrmals schneiden **(B)**. Der zugeschnittene Verkleidungsstoff wird mit Weißleim in den Kasten eingeklebt **(C)**.

TEIL SIEBEN　　　　　　　　　　　　　　　　　　　　　　　　　SCHARNIERE UND BESCHLÄGE

Scharniere und Beschläge

Unterteilungen und Tabletts

- Miniatur-Einbohrscharniere (S. 114)
- Einpressscharniere (S. 115)
- Scharniere mit der Hand einstemmen (S. 117)
- Ausklinkungen für Scharniere am Handoberfräsentisch fräsen (S. 119)
- Quadrantscharniere (S. 120)

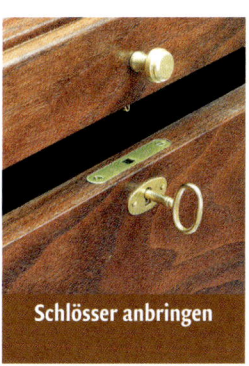

Schlösser anbringen

- Das Einsteckschloss (S. 121)

Selbst gefertigte Beschläge

- Scharniere aus Messingstiften (S. 122)
- Selbst hergestellte Bandscharniere aus Metall (S. 123)
- Die Herstellung von Holzgriffen (S. 124)

Wenn man in den einschlägigen Katalogen blättert, wird einem bald klar, dass die Auswahl an Beschlägen überwältigend ist. Die Befestigungsweise der verschiedenen Modelle zu beherrschen, ist sowohl eine Herausforderung für den Amateur wie auch für den professionellen Holzhandwerker. Wenn man sich zuerst mit dem Thema Holzbearbeitung beschäftigt, kann einen die riesige Auswahl begeistern, aber auch in leichte Unruhe versetzen, wenn es darum geht, einen dieser Beschläge am ersten eignen Holzkasten zu installieren.

Die Auswahl der richtigen Beschläge hängt von der Größe des Holzkastens ab, aber auch von den Qualitäts- und Preisvorstellungen desjenigen, der ihn baut. Man kann etwas Marktforschung betreiben, indem man sich auf Kunsthandwerkermärkten und –ausstellungen sowie im entsprechenden Einzelhandel umsieht, um sich ein Bild davon zu machen, welche Beschläge einem selbst gut gefallen.

Die Auswahl der Scharniere

Zu den wichtigsten Beschlägen bei einem Holzkasten zählen die Scharniere. Die Bandbreite reicht von einfachen Messingbändern zum Aufnageln bis hin zu hochwertigen Exemplaren, die nach den striktesten Qualitätsanforderungen hergestellt werden. Die Scharniere, die einfach hinten am Kasten aufgenagelt werden, sind am leichtesten zu erhalten und zu befestigen, man sollte sich – vor allem bei größeren Kästen – aber nicht auf die Haltekraft von Nägeln verlassen. Scharniere, die mit Schrauben befestigt werden, halten meist besser, und bei diesen sind die aus massivem Messing gefrästen und nicht aus Messingblech geschnittenen wiederum die langlebigsten – und teuersten. Sie sind andererseits aber auch meist ein Zeichen hoher handwerklicher Qualität.

Know-how: Beschläge

• Entwerfen Sie Ihren Holzkasten um die zur Verfügung stehenden Beschläge herum. Legen Sie die Beschläge bereit, bevor Sie das erste Stück Holz zuschneiden. Das Anbringen der Beschläge, ihre Funktionsweise und ihr Aussehen am fertigen Kasten können unangenehme Überraschungen bergen.

• Stellen Sie ein Modell her, das zeigt, wie eine Deckelstütze funktionieren wird, damit Sie die entsprechenden Löcher an der Innenseite von kleinen Kästen bohren können, bevor sie diese zusammenbauen.

• Wenn Sie bestimmte Scharniere oder andere Beschläge das erste Mal verwenden, sollten Sie Ihre Anbringung zuvor an einem Stück Restholz ausprobieren.

• Messingschrauben sollten in vorgebohrte Führungslöcher eingedreht und zuvor mit Bienenwachs versehen werden, damit sie leichter einzudrehen sind und die Bruchgefahr verringert wird.

• Scheuen Sie nicht davor zurück, ihre eigenen Beschläge herzustellen, falls Sie nicht das finden, was Sie brauchen. Ich verwende Messinglotstangen für das Hartlöten als versteckte Scharniere und als Aufhänger für Schmuckstücke. Scharniere aus Holz sind eine interessante Alternative, und rustikale Scharniere, Verschlüsse und Eckbeschläge kann man aus Bandstahl herstellen. Auf jeden Fall machen solche Beschläge Ihren Holzkasten zu einem Unikat.

Klappenstützen

Viele Scharniere haben eine eingebaute Stützfunktion für den Deckel, sodass man keine separaten Klappenstützen einbauen muss. So gibt es Bandscharniere und Sondermodelle (siehe linke Abbildung auf der gegenüberliegenden Seite), die sehr stabil, aber auch schwierig zu installieren sind. Möbelscharniere mit eingebauter Stützfunktion eignen sich gut für kleine bis mittlere Kästen, bei denen die Deckel relativ leicht sind. Die einfache Montage ist ein wichtiger Vorteil. Sie eignen sich jedoch weniger für große Kästen, bei denen eine separate Stütze für zusätzliche Stabilität sorgt. Klappenstützen gibt es in verschiedenen Ausführungen von einfachen Messingschiebern, die mit Schrauben innen am Kasten befestigt werden, bis hin zu komplizierteren Modellen, die in die Seitenwände eingenutet werden müssen. Darüber hinaus kann man den Deckel je nach der Ausführung des Kastens auch mit Messingketten, Lederbändern und verschiedenen selbst gebauten Mechanismen halten.

Messingschrauben – eine Herausforderung

Messing wird häufig als Material für Beschläge verwandt, die an Kästen angebracht werden. Messingschrauben sind jedoch recht empfindlich und lassen sich überraschend leicht abdrehen. Um eine abgedrehte Schraube aus dem Holz zu lösen, muss man unter Umständen zu Stechbeitel, Bohrer und Spitzzange greifen, und das entstehende Loch muss gefüllt und neu gebohrt werden, bevor man den Beschlag anbringen kann. Ein unerfreuliches Erlebnis. Wenn die Führungslöcher nicht genau angerissen werden, kann es schwierig werden, die vorderen und hinteren Kanten des Kastens und Deckels zur Übereinstimmung zu bringen. Vor diesen Problemen steht man als Anfänger häufig. Sie lassen sich jedoch vermeiden.

Scharniere funktionieren am besten und sind am leichtesten anzubringen, wenn man sie in einer Ausklinkung im Holz befestigt, sodass sie an drei Seiten von Holz umgeben sind. Die Ausklinkung verhindert, dass sich Ungenauigkeiten beim

SCHARNIERE UND BESCHLÄGE

Im Uhrzeigersinn von unten rechts: Miniatur-Einbohrscharniere für Aufnahmelöcher mit 5 mm Durchmesser; Einbohrscharniere mit 10, 12 und 14 mm Durchmesser; Scharniere mit eingebauter Deckelstütze; Quadrantscharniere; und (in der Mitte) runde Scharniere mit eingebauter Arretierung.

Im Uhrzeigersinn von vorne: Messingbänder zum Aufnageln sind am einfachsten zu verwenden; massive Messingscharniere mit eingebauter Arretierung; gezogene Scharniere aus Messing sind leicht und stabil; Möbelbänder aus Messing sind preiswert, müssen aber eingestemmt werden.

Bohren der Führungslöcher auf die Ausrichtung des Scharniers am Kasten auswirken. Wenn man die Schrauben mit Wachs einreibt, ist es einfacher, sie in harte Hölzer einzudrehen, ohne dass man sie abdreht. Es gibt spezielle Bohrer, die Führungslöcher mit hoher Genauigkeit bohren, was bei kleinen wie großen Schrauben eine immense Hilfe ist. Man kann auch die Beschläge zuerst mit Stahlschrauben befestigen, die sehr viel stabiler sind, und sie erst dann durch Messingschrauben ersetzen, wenn man mit dem Ergebnis zufrieden ist. So vermeidet man das Abdrehen der Schrauben und Beschädigungen am Schraubenkopf während der Installation.

Winzige Schrauben einzudrehen, ist auch mit Erfahrung eine schwierige Arbeit. Es gibt eine Lösung, um Schrauben vollkommen zu vermeiden: Einpressscharniere, deren Haken in das Holz gedrückt werden und die bei kleinen Kästen so unauffällig sind, dass sie meine Kunden immer wieder in Erstaunen versetzen. Diese Scharniere und die zylinderförmigen Einbohrscharniere, die in das Holz eingeleimt werden, haben sehr viel dazu beigetragen, meine Arbeit effizienter zu machen, ohne meinen Qualitätsanspruch infrage zu stellen.

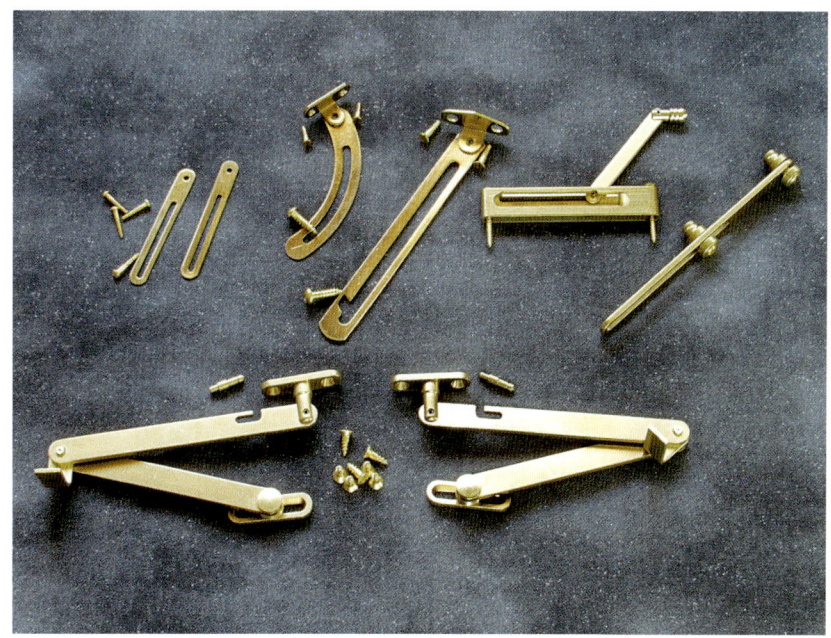

Deckelstützen sind in unterschiedlichen Größen, Qualitäten und Preislagen zu erhalten. Im Vordergrund: eine Messingstütze mit Hebevorrichtung für ein Tablett; hinten von links: zwei gepresste Deckelstützen und zwei hochwertige Stützen aus Massivmessing.

Wendbare Rissleisten

Die Ausklinkungen für ein Scharnier im Korpus und Deckel eines Kastens so zu schneiden, dass sie genau übereinstimmen, kann eine Herausforderung darstellen. Normalerweise benötigt man dazu ein Bandmaß und Anreißwerkzeuge, um die Position der Scharniere genau anzureißen, und dann Stechbeitel, eine Handoberfräse oder beides, um die Ausklinkungen zu schneiden. Bei meiner Arbeit – sowohl bei Einzelstücken als auch bei Kleinserien – habe ich das Verfahren fast narrensicher gemacht, indem ich Rissleisten verwende. Die Rissleiste ist ein althergebrachtes Hilfsmittel, mit dem Tischler im Maßstab 1:1 Maße und Merkmale eines Raumes festhielten, um sie dann in der Werkstatt als Lehre für die Herstellung von Möbeln und anderen Ausstattungsstücken zu verwenden. Ein schlichter Bleistiftstrich oder eine geschnittene Kerbe an einem Kantholz kann ebenso genau und wesentlich nützlicher sein, als millimetergenau abgenommene und aufgeschriebene Maße. Mit einer Rissleiste braucht man kein Mathematiker zu sein.

Ich verwende häufig eine wendbare Rissleiste, um Maschinen einzurichten, wenn ich linke und rechte Scharniere an mehreren Kästen anbringen muss. Dieses Verfahren ist leicht zu verstehen, wenn man es an der Ständerbohrmaschine anwendet, man kann es aber auch einsetzen, um die Stoppklötze am Handoberfräsentisch einzurichten oder eine Schablone herzustellen, mit der man die Ausklinkungen für Scharniere fräst. Die wendbare Rissleiste ist sogar für jene Handwerker ein nützliches Hilfsmittel, die es vorziehen, Scharniere auf die altmodische, leise Art einzustemmen – mit dem Stechbeitel. Darüber hinaus bietet die Verwendung der Rissleiste zum Einrichten der Maschinen den Vorteil, dass man so auch Probeschnitte ausführen kann, ohne Gefahr zu laufen, das eigentliche Werkstück zu verderben.

Die Fotos rechts zeigen die Herstellung einer wendbaren Rissleiste für die Anbringung von Miniatur-Einbohrscharnieren. Zuerst reißt man an einem Probekasten die Lage des rechten Scharniers am Deckel und Korpus an und

bohrt die Löcher. Die Teile werden dabei mit einem Stoppklotz und der Anlage der Ständerbohrmaschine in die richtige Position gebracht. Dann bohrt man mit den gleichen Einstellungen ein Loch durch eine dünne Leiste. Dies ist die Rissleiste. Um mit ihr den Stoppklotz für die linke Bohrung einzurichten, wird die Rissleiste einfach umgedreht und der Bohrer (bei ausgeschaltetem Motor) durch das Loch abgesenkt. Spannen Sie den Stoppklotz dann an der anderen Seite fest. Bewahren Sie die Rissleiste für den Fall auf, dass Sie später Kästen mit den gleichen Scharnieren in der gleichen Position herstellen wollen.

Kleinste Scharniere für kleine Kästen

Bei den meisten kleinen Kästen verwende ich Einpressscharniere, Miniatur-Einbohrscharniere oder Messingstifte. Die Einpressscharniere sind am leichtesten anzubringen, sind aber immer noch kompliziert genug auszurichten, um ihre Verwendung vor allem für Kleinserien nahezulegen. Ich benutze einen Schlitzfräser für die Handoberfräse, um die Schlitze für Einpressscharniere am Handoberfräsentisch zu schneiden. Der Schlitzfräser ist relativ teuer, wenn man nur einige wenige Kästen anfertigen will, aber es gibt keine bessere Methode, Einpressscharniere zu befestigen.

Miniatur-Einbohrscharniere sind auch einfach anzubringen, man benötigt lediglich eine Ständerbohrmaschine und einen Bohrer passenden Durchmessers. Mit einer wendbaren Rissleiste (vgl. Kasten auf der gegenüberliegenden Seite) kann man die Bohrlöcher am Korpus und Kasten genau aufeinander ausrichten. Mit der gleichen Technik werden auch größere Einbohrscharniere an mittleren und großen Kästen befestigt. Sowohl bei Einpressscharnieren als auch bei Miniatur-Einbohrscharnieren muss an der hinteren Kante des Deckels und des Kastens eine 45°-Fase angeschnitten werden, damit sich der Deckel öffnen lässt. Diese Fasen machen auch die Anbringung eines Klappenhalters überflüssig, da sie den geöffneten Deckel abstützen.

Ein anderes beliebtes Verfahren, um einen kleinen Kasten mit einem Scharnier zu versehen, ist die Anbringung von kleinen Messingstiften direkt im Holz, die als Drehpunkt für die Bewegung des Deckels dienen. Sie haben zudem den Vorteil, dass sie am fertigen Kasten vollkommen unsichtbar sind. Man kann die Löcher für die Messingstifte auch bohren, nachdem der Kasten zusammengebaut worden ist.

Lappenbänder

Die Ausklinkung für das Möbelscharnier (oder: Lappenband) wurde vor dem Aufkommen der Handoberfräse mit dem Streichmaß angerissen und mit dem Stechbeitel ausgestochen. Bei Einzelstücken ist dieses althergebrachte Verfahren

Werkzeuge für die Montage von Scharnieren. Im Uhrzeigersinn von vorne: Mit der Ahle reißt man den Mittelpunkt einer Bohrung an; zwei selbstzentrierende Bohrer in unterschiedlichen Größen, um genau ausgerichtete Führungslöcher zu bohren; mit dem Ankörner kann man die Position von Führungslöcher für alle außer den kleinsten Scharnieren anreißen; mit dem Eckenbeitel werden die runden Innenecken gefräster Schlitze rechtwinklig nachgestochen; und in dem Kasten befindet sich Wachs als Schmiermittel für Messingschrauben.

Im Uhrzeigersinn von vorne: Ein Stiftetui mit Miniatur-Einbohrscharnieren; ein Kasten aus Kirschholz mit Einlegearbeiten und Scharnieren aus Messingstiften (Rückansicht); eine gedrechselte Büchse aus Kirsche mit Einbohrscharnieren; und eine Ahorndose mit Einlegearbeiten und Einpressscharnieren.

TEIL SIEBEN

immer noch effizienter als die Herstellung einer passenden Frässchablone. Ich hatte im Laufe der Zeit das arbeitsintensive ursprüngliche Verfahren bei meiner Arbeit dahin gehend abgewandelt, dass ich mit der Handoberfräse freihändig den Großteil des Verschnitts entfernte und dann mit dem Stechbeitel die Ausklinkung sauber ausarbeitete. Der nächste Fortschritt war dann das Fräsen am Handoberfräsentisch. Wie bei den anderen Verfahren, die ich zum Anbringen eines Scharniers anwende, spielt auch hier die wendbare Rissleiste eine wichtige Rolle, da sie es mir erlaubt, die Stoppklötze genau zu platzieren, mit denen die Bewegung des Kastens am Anschlag des Handoberfräsentischs kontrolliert wird.

Spezialscharniere

Es gibt Scharniere, die sehr kompliziert zu befestigen sind und sich deshalb kaum dazu eignen, in Handarbeit angebracht zu werden.

Ich stelle Schablonen her, um die Ausklinkungen und die Schlitze zu fräsen, die für die Stützarme bestimmter Scharniere notwendig sind. Die Herstellung solcher Schablonen für die Verwendung mit Fräser und Kopierhülse kann eine herausfordernde Aufgabe sein. Von manchen Beschlagherstellern gibt es fertige Schablonen, mit denen ihre Scharniere angebracht werden können. Die Anschaffung lohnt sich, falls man vorhat, häufiger Scharniere des gleichen Typs und der gleichen Größe zu verwenden. Ob es nun gekaufte oder selbst hergestellte Schablonen sind, man sollte sie auf jeden Fall zuerst an einem Stück Restholz ausprobieren, bevor man das Risiko eingeht, das Werkstück zu ruinieren, an dem man arbeitet.

Schlösser und Verschlüsse

Ein Schloss oder Verschluss mag zwar nicht für jeden Kasten erforderlich sein, aber bei manchen Exemplaren setzen sie den letzten Akzent, der das Stück erst vollständig erscheinen lässt. Handwerker, die einen eher traditionellen Stil bevorzugen, greifen vielleicht auf ein Schloss zurück, das historischen Vorbildern ähnelt. Möbelschlösser gibt es als Einlassschloss und als Einsteckschloss. Ein Einlassschloss lässt sich nur mit Schwierigkeiten

Der Handoberfräsentisch hat sich zu meinem bevorzugten Hilfsmittel beim Schneiden der Ausklinkungen für Scharniere entwickelt, da man mit ihm Probestücke für eine genaue Passung anfertigen kann, ohne das eigentliche Werkstück zu ruinieren.

In der Mitte sieht man eine Schablone für die Anbringung von Quadrantscharnieren. Die anderen Schablonen mit seitlichen Leisten zum Einspannen stammen aus meiner eignen Herstellung. Es sind jeweils Paare aus linker und rechter Schablone, die nacheinander verwendet werden. Die Fräsung wird immer mit einer Kopierhülse ausgeführt, die in der Schablone geführt wird.

SCHARNIERE UND BESCHLÄGE

Verschlüsse und Schlösser für Holzkästen. Im Uhrzeigersinn von unten rechts: zwei Verschlüsse aus massivem Messing; zwei häufig verwendete Schnappverschlüsse; ein schlichter Hakenverschluss; ein Einsteck- und ein Einlassschloss.

Die Scharniere und Eckbeschläge links auf dem Foto wurden aus Bandstahlresten und Messingstangen hergestellt, dann mit dem Hammer, der Blechschere und Kneifzange geformt. Die Scharniere und der Kasten rechts im Foto wurden von der Arbeit des britischen Kastenmachers Peter Lloyd inspiriert.

an einem fertigen Kasten anbringen, während für Einsteckschlösser mit der Handoberfräse oder dem Stechbeitel der notwendige Schlitz in der Wandung geschnitten werden kann.

Selbst hergestellte Beschläge

Es bereitet mir großes Vergnügen, in meiner Werkstatt Beschläge aus Holz und Metall herzustellen. Es lohnt sich, ein offenes Auge für andere Werkstoffe zu behalten, die man bei der Herstellung von Kästen verwenden kann. Ob es Stahlstücke sind, die man an den Ecken eines Kastens anbringt, oder ob man seine eigenen Scharniere aus Holz herstellt, selbst angefertigte Beschläge machen jeden Holzkasten zum Unikat.

Ich habe mich nie besonders für Holzscharniere interessiert, bis ich die Arbeiten von Peter Lloyd mit ihren ausdrucksstarken und grob gearbeiteten Scharnieren aus Holz sah. Die Scharniere an seinen Holzkästen ließen mich das Thema Holzscharnier aus einem neuen Blickwinkel sehen.

Es gibt ein großes Sortiment an Griffen, die man per Katalog bestellen oder im Fachhandel erwerben kann. Ich stelle jedoch meine Griffe fast immer selbst her. Meist werden sie mit einem einfachen Zapfen am Kasten befestigt. Nachdem ich den Zapfen hergestellt habe, forme ich den ei-

Griffe erhöhen den Nutzwert eines Kastens, ob sie nun als Zubehör gekauft oder in der eigenen Werkstatt hergestellt werden. Abgebildet sind Griffe, die bei verschiedenen Arbeiten als Überbleibsel anfielen. Ich hatte mehr angefertigt, als nötig waren, und dann die besten ausgewählt. Die Reststücke hob ich auf, um sie Erinnerungsstütze bei zukünftigen Arbeiten nutzen zu können oder bei einer eiligen Arbeit darauf zurückgreifen zu können.

gentlichen Griff auf verschiedene Weisen. Die Griffe haben unterschiedliche Größen, sie reichen von winzigen Griffleisten für kleine Deckel bis hin zu sehr viel aufwendiger gestalteten Exemplaren, die mithilfe einer Schablone und der Handoberfräse geformt werden.

Einbohrscharniere

Bei der Installation von Einbohrscharnieren kommt es vor allem auf genaues Bohren an, damit die Löcher in Deckel und Korpus genau übereinstimmen. Hohe Genauigkeit erfordert eine Ständerbohrmaschine. Die Verwendung von Stoppklötzen und eines Anschlags sind für die Positionierung des Werkstücks empfehlenswert. Richten Sie Anschlag und Stoppklotz für die erste Bohrung ein **(A)**. Die Tiefe des Bohrlochs sollte etwas weniger als die Hälfte der Länge des Einbohrscharniers betragen, um zu verhindern, dass der Deckel hinten an den Korpus stößt und nicht vollkommen schließt. Ich kontrolliere die Tiefe mit einer Schiebelehre.

Benutzen Sie diese Einstellung, um durch eine Rissleiste zu bohren, die Sie als Schablone verwenden, um die Lage des Stoppklotzes für die gegenüberliegenden Bohrlöcher zu bestimmen.

> Vgl. „Wendbare Rissleisten" auf Seite 110

Bohren Sie die Löcher am Gegenstück, nachdem Sie den Stoppklotz verschoben haben. Die Stellung des Anschlags wird nicht verändert **(B)**. Schneiden Sie mit einem Fasenfräser am Handoberfräsentisch eine 45°-Fase, damit die Scharniere Raum zum Öffnen haben, und stecken Sie die Einbohrscharniere in die Bohrlöcher **(C)**. Achten Sie darauf, dass die Scharniere richtig ausgerichtet sind, sodass sie sich auch öffnen lassen. Mit einer kleinen Kleberzugabe werden die Scharniere endgültig im Bohrloch fixiert.

Einpressscharniere

Einpressscharniere werden in Schlitze im Holz eingesteckt, wo kleine Widerkaken das Herausziehen verhindern. Man kann sie auch zusätzlich mit Kleber sichern. Die Schlitze werden am Handoberfräsentisch mit einem Schlitzfräser geschnitten. Es gibt zwar Schlitzfräser, die an der Ständerbohrmaschine eingesetzt werden können, aber am Handoberfräsentisch kann man verschiedene Kästengrößen mit den gleichen Einstellungen fräsen – und das mit höherer Genauigkeit. Ich verwende am Handoberfräsentisch einen besonderen Anschlag, durch den während der Arbeit der Holzstaub abgesaugt wird **(A)**.

Schneiden Sie zuerst immer ein Stück Restholz auf die Abmessungen des Vorder- und Rückteils des Kastens zu. Damit können Sie die Position der Scharniere überprüfen, und Sie können es als Rissleiste verwenden, um die Schlitze an der anderen Seite zu platzieren **(B)**. Schneiden Sie die Schlitze in den ersten Satz der Bauteile. In unserem Beispiel hat der Schlitzfräser nicht ganz den passenden Radius für die Größe der Scharniere, deshalb sind die Stoppklötze so angebracht, dass das Material etwa 6 mm mehr Raum zwischen ihnen hat. Achten Sie auf Holzstaub, der sich am Anschlag oder den Stoppklötzen ansammeln und dazu führen kann, dass das Material nicht dicht anliegt **(C)**.

Fortsetzung auf S. 116

Verstellen Sie die Stoppklötze und schneiden Sie dann die Schlitze für das zweite Scharnier. Falls Korpus und Deckel Ihres Kastens die gleiche Länge haben, können Sie beide mit den gleichen Einstellungen bearbeiten. In unserem Beispiel schlägt der Deckel jedoch zwischen den Endstücken des Kastens ein, sodass ich die Stellung der Stoppklötze verstellen musste, um den Deckel zu schlitzen. Davon abgesehen ist das Verfahren gleich **(D)**. Fasen Sie die hintere Kante des Deckels und Kastens mit 45° an, um Freiraum für das Anheben des Deckels zu schaffen, und schneiden Sie dann einen kleinen Falz, in dem das Scharnier wie abgebildet aufliegt **(E)**. Stecken Sie die Scharniere in die Schlitze, und drücken Sie Deckel und Korpus einfach zusammen **(F)**.

SCHARNIERE ANBRINGEN

Scharniere mit der Hand einstemmen

Oft ist es sehr viel schneller und einfacher, Scharniere mit der Hand einzustemmen, als eine Schablone für die Handoberfräse herzustellen; es lohnt sich also, dieses Arbeitsverfahren zu erlernen, auch wenn man in den meisten Fällen lieber zur Handoberfräse greift. In der Regel werden die Ausklinkungen für die Scharniere zuerst am Deckel geschnitten und dann von dort auf den Korpus übertragen.

Reißen Sie die Lage der Ausklinkungen mit dem Streichmaß am Deckel an. Stellen Sie das Streichmaß auf etwas weniger als die halbe Stärke des geschlossenen Scharniers ein, sodass das Scharnier bei geschlossenem Deckel nicht aufsperrt. Reißen Sie am Rand des Deckels an **(A)**. Verstellen Sie das Streichmaß, um die Lage der Scharniere an der Unterseite des Deckels anzureißen. Vergessen Sie nicht, dass das Scharnier weit genug herausragen muss, um geöffnet werden zu können – meist ist das mindestens die Hälfte des Gewerbedurchmessers **(B)**. Stechen Sie mit dem Beitel bis zum Riss an der Kante des Deckels hinab **(C)**, und entfernen Sie dann den Verschnitt, indem Sie von der Deckelkante her einstechen **(D)**.

Fortsetzung auf S. 118

TEIL SIEBEN — SCHARNIERE ANBRINGEN

Ein hilfreicher Trick, um die Scharniere am Korpus zu positionieren, ist die Verwendung von Schmelzkleber. Befestigen Sie die Scharniere zuerst mit Klebeband in den Ausklinkungen am Deckel, geben Sie Schmelzkleber auf die Scharniere, und drücken Sie den Deckel mit den Scharnieren auf den Korpus. Wenn man dann den Deckel abhebt, löst sich das Klebeband, und die Scharniere sind provisorisch am Korpus festgeklebt, sodass man genau anreißen kann **(E)**. Markieren Sie die Lage der Scharniere am Korpus mit dem Stechbeitel, und entfernen Sie dann bis zur richtigen Tiefe mit dem Stechbeitel den Verschnitt. Schrauben Sie die Scharniere am Korpus fest, und befestigen Sie dann den Deckel **(F)**. Dieses Verfahren ist besonders bei Kästen wie in unserem Beispiel nützlich, bei dem die Ränder des Deckels und Korpus' nicht genau aneinander ausgerichtet sind **(G)**.

SCHARNIERE ANBRINGEN

Ausklinkungen für Scharniere am Handoberfräsentisch schneiden

Die Ausklinkungen für die meisten Scharniere lassen sich leicht am Handoberfräsentisch schneiden. Die Schnitttiefe des Fräsers dient dazu, die Tiefe der Ausklinkung und damit auch den Freiraum zwischen Deckel und Korpus zu bestimmen. Die meisten Handoberfräsentische sind groß genug, um auch große Kästen zu bearbeiten, darüber hinaus kann man auf diese Weise Probestücke anfertigen, ohne Gefahr zu laufen, das fertige Werkstück zu beschädigen.

Schneiden Sie eine Rissleiste genau auf die Länge des Kastens zu. Ich verwende dazu dünnes Material und stelle zuerst die Schnitthöhe größer ein, als sie für die Ausklinkung nötig wäre, um so durch die Rissleiste hindurchzuschneiden **(A)**. Die Entfernung zwischen Anschlag und Fräser bestimmt, wie weit das Scharnier hinten aus dem Kasten herausragt. Um Faserausrisse zu vermeiden, führen Sie eine Einsatzfräsung aus: Das Werkstück wird von oben auf den Fräser abgesenkt und dann hin- und hergeschoben, um die Ausklinkung zu schneiden. Schneiden Sie mit dieser Einstellung jeweils eine Ausklinkung am Deckel und am Korpus **(B)**.

Verwenden Sie die Rissleiste, um die Stoppklötze für die beiden anderen Ausklinkungen zu positionieren. Ich drehe dazu den Fräser mit der Hand und richte mich genauso sehr nach meinem Fingerspitzengefühl wie nach meinem Augenmaß. Der Fräser sollte am entgegengesetzten Ende nur eben die Rissleiste berühren **(C)**. Schneiden Sie die zweite Ausklinkung am Deckel und am Korpus. Verputzen Sie die Ecken mit dem Stechbeitel. Bei größeren Scharnieren kann man dazu einen Eckenbeitel verwenden, aber bei sehr kleinen Scharnieren wie diesen genügen einige Stiche mit einem normalen Beitel. Bohren Sie die Löcher für die Schrauben vor, und geben Sie etwas Wachs an die Schrauben, um sie leichter eindrehen zu können. Ich verwende für kleine Messingschrauben wie diese einen alten Drillschrauber; er hat genügend Drehmoment, beschädigt den Schraubenkopf aber nicht so schnell wie ein elektrischer Schraubendreher **(D)**.

TEIL SIEBEN — SCHARNIERE ANBRINGEN

Quadrantscharniere (Winkelstellerscharniere)

Das Quadrantscharnier dient auch als Stütze für den Deckel, es ist deshalb eines der beliebtesten Scharniere für dekorative Holzkästen. Es ist aber auch eines der am schwierigsten zu installierenden. Man muss einen tiefen, graden Schlitz für den Aufstellarm fräsen, und dann eine flache Ausklinkung für die sichtbare Scharnierplatte schneiden. Manche Hersteller bieten eine Frässchablone für diese Scharniere an, die nützlich ist, wenn man Quadrantscharniere häufiger verwendet. Ich habe mir selbst einen Satz linker und rechter Schablonen angefertigt. Mit einer gekauften oder selbst hergestellten Schablone kann man die Passung an einem Stück Restholz testen, bevor man die Scharniere am Werkstück anbringt.

Fräsen Sie zuerst die tiefen, graden Schlitze für die Aufstellarme. Das muss sehr präzise geschehen, damit genügend Holz stehen bleibt, um die Befestigungsschrauben eindrehen zu können **(A)**. Ich verwende eine 13-mm-Kopierhülse mit einem 5-mm-Fräser. Schneiden Sie dann die flachen Ausklinkungen. Meine Schablone habe ich so hergestellt, dass ich dieselbe Kopierhülse verwende, allerdings mit einem 6-mm-Nutfräser. Die Schablonen sind jeweils linke und rechte spiegelbildliche Paare **(B)**. Das eingebaute Scharnier ist sehr belastbar und sieht ansprechend aus **(C)**.

SCHLÖSSER ANBRINGEN

Das Einsteckschloss

Das Anbringen eines Einsteckschlosses erfordert sorgfältiges Arbeiten, um eine saubere Passung zu erreichen. Ein Einsteckschloss kann auch im fertigen Kasten mit dem Stechbeitel oder der Handoberfräse mit Anschlag angebracht werden. Bei beiden Verfahren ist eine gewisse Menge an sorgfältiger Handarbeit erforderlich, um gute Ergebnisse zu erreichen. Ich bohre die Löcher für den Schlüssel an der Vorderseite, bevor ich den Schlitz für das Schloss fräse. Reißen Sie den Schlitz genau an, und fräsen Sie ihn dann in mehreren Durchgängen mit jeweils etwas größerer Frästiefe **(A)**.

Verwenden Sie den gleichen Fräser und die gleiche Einstellung für den Anschlag, um die Aufnahme für das Schließblech in den Deckel zu fräsen. Stellen Sie dazu die Frästiefe auf die Stärke des Schließblechs ein, und schneiden Sie die runden Ecken mit dem Stechbeitel rechtwinklig nach. Das Schließblech in unserem Beispiel wird mit kleinen Messingnägeln gehalten **(B)**. Wechseln Sie dann den Fräser, um die Ausklinkung für die Abdeckplatte des Schlosskastens zu fräsen. In diesem Beispiel wurde ein 8-mm-Fräser benötigt. Halten Sie das Schloss ans Holz, und reißen Sie die Anfangs- und Endpunkte der Ausklinkung an, bevor Sie diese fräsen. Die Tiefe der Ausklinkung sollte der Stärke der Abdeckplatte entsprechen **(C)**. Befestigen Sie das Schloss mit den dafür vorgesehenen Schrauben, und bringen Sie die Schlüssellochrosette an **(D)**.

TEIL SIEBEN — SELBST GEFERTIGTE BESCHLÄGE

Scharniere aus Messingstiften

Scharniere aus Messingstiften können in einem fertigen Kasten angebracht werden; wenn man die Löcher jedoch vor der Montage bohrt und auch die Stifte dann anbringt, sind sie später nicht mehr zu sehen. Zwar lässt sich das Scharnier bei einer Beschädigung nicht mehr reparieren, aber es ist für kleine Kästen ausreichend stabil und recht einfach zu benutzen. Für die Stifte benötigen Sie Messingstangen mit einem Durchmesser von 3 mm oder 4 mm, die Sie im Fachhandel für Schweißtechnik erhalten. Sägen Sie die Stifte an der Kreissäge mit einem alten Hartmetallsägeblatt auf Länge. Man kann diese Arbeit zwar auch mit der Metallsägebügelsäge ausführen, das ist jedoch anstrengender, und die erforderliche Genauigkeit lässt sich nicht so leicht erreichen. Sägen Sie nicht ganz durch die Messingstange, um Rückschlagen des Materials zu vermeiden, und brechen Sie die einzelnen Stifte dann an den Sägefugen ab **(A)**. Die richtige Höhe des Sägeblatts muss durch Versuch und Irrtum ermittelt werden.

Die ersten Löcher in den Endstücken des Kastens werden an der Ständerbohrmaschine gebohrt. Ich verwende dazu einen 4-mm-Bohrer, den ich gekürzt und neu angeschliffen habe, damit er nicht so schnell abwandert **(B)**. Verstellen Sie die Stoppklötze, und bohren Sie dann die Löcher in den gegenüberliegenden Endstücken **(C)**. Die Löcher im Deckel werden an einem hohen Anschlag und Stoppklotz an der Ständerbohrmaschine gebohrt **(D)**. Verstellen Sie dann den Stoppklotz, um das Loch an der gegenüberliegenden Seite zu bohren **(E)**. Bringen Sie an der hinteren Kante des Deckels eine Rundung oder eine Fase an, damit der Deckel nach hinten gekippt werden kann **(F)**. Ich verwende einen 6-mm-Viertelstabfräser bei 12 mm starken Deckeln und bringe die Scharnierstifte in der Mitte der Rundung an. Stecken Sie die Messingstifte vor dem Zusammenbau in die Bohrlöcher. Mit ein wenig Wachs kann man sicherstellen, dass sich das Scharnier leichtgängig bewegt.

Variante: Bohren Sie die Löcher für die Stifte, nachdem Sie den Kasten zusammengebaut haben. Dabei muss der Deckel genau auf dem Korpus ausgerichtet werden. Verwenden Sie dünne Zwischenlagen (Visitenkarten sind gut geeignet), um einen geringen Freiraum zwischen dem Deckel und dem Korpus zu schaffen, während Sie die Löcher bohren oder die Stifte einsetzen.

SELBST GEFERTIGTE BESCHLÄGE

Selbst hergestellte Bandscharniere aus Metall

Rustikal aussehende Bandscharniere kann man in der eigenen Werkstatt aus Stahlresten und Messingstangen herstellen. Die Zeit, die man dafür benötigt, mag zwar bei Weitem die geringen Kosten übersteigen, die man für gekaufte Scharniere aufbringen müsste, aber das Aussehen selbst hergestellter Exemplare und das Vergnügen, diese handwerkliche Herausforderung gemeistert zu haben, machen das allemal wett.

Spannen Sie Bandstahl im Schraubstock fest um eine Messingstange, und beginnen Sie, den Stahl zu biegen. Ich schneide den Bandstahl oft schmaler, damit er leichter zu biegen ist und die Scharniere später graziler aussehen. Drehen Sie den Bandstahl beim Biegen immer weiter um die Messingstange, bis Sie eine fast geschlossene Öse geformt haben **(A)**. Drücken Sie die Öse dann mit einer Zange zu. Das ist wichtig, weil dadurch der Bandstahl fest um die Messingstange gepresst wird **(B)**. Bohren Sie Aufnahmelöcher für die Scharniere. Formen Sie die Scharniere vor der Montage mit der Kombizange und Blechschere. Ich verwende einen Hammer mit gewölbter Bahn, um den Stahl weiter zu bearbeiten, sodass er alt und handgeschmiedet aussieht. Stecken Sie die Messingstange in die Öse, und befestigen Sie das Scharnier dann mit Messingschrauben am Kasten **(C)**.

Die Herstellung von Holzgriffen

Ich stelle viele verschiedene Griffe aus Vollholz her, von großen gefrästen Formen bis hin zu kleinen Griffleisten an kleinen Kästen. Gemeinsam ist ihnen ein Zapfen am Ende, mit dem sie in einem entsprechenden Schlitz im Deckel befestigt werden. Mit diesem Verfahren kann man eine große Auswahl nützlicher Griffe aus Vollholz herstellen.

Schneiden Sie am Handoberfräsentisch eine Hohlkehle in das Material. Die Stellung des Anschlags am Handoberfräsentisch bestimmt die Lage der Hohlkehle. Auch wenn Sie sich zutrauen, das Material mit dem Hirnholz am Anschlag entlangzuführen, sollten Sie eine Zulage hinter dem Werkstück verwenden, damit das Material im rechten Winkel zum Anschlag gehalten wird **(A)**. Wechseln Sie dann zu einem Nutfräser, und bringen Sie am Handoberfräsentisch an beiden Enden des Werkstücks einen 3 mm starken Zapfen an **(B)**.

Stellen Sie an der Bandsäge, dem Bandschleifer oder dem Handoberfräsentisch (wie hier gezeigt) eine Schablone für die Form des Griffs her **(C)**. Spannen Sie die Schablone und das Werkstück zusammen, und schneiden Sie die Form mit einem Fräser mit Anlaufring aus. Drehen Sie die Schablone um, um die gegenüberliegende Seite zu fräsen **(D)**. Runden Sie den Griff schließlich mit einem Viertelstabfräser ab **(E)**. Schneiden Sie den Griff an der Tischkreissäge frei, und fräsen Sie dann einen Schlitz in den Deckel, in den der Zapfen am Griff passt. Wenn der Griff am Kasten angebracht ist, kann man ihn kaum mit gekaufter Fertigware verwechseln **(F)**.

Das Außendekor

Einlegearbeiten

> Furnieradern (S. 129)
> Schachbrettmuster aus Vollholz (S. 131)
> Einlegearbeiten an einem fertigen Holzkasten anbringen (S. 132)

Intarsien

> Furnierarbeiten mit Schablonen (S. 133)

Schnitzereien

> Kerbschnitzerei (S. 134)
> Reliefschnitzerei (S. 135)

Ein schlichter Holzkasten kann seine Schönheit durch Funktionalität gewinnen, durch seine Formgebung oder durch die Eigenart des Holzes, aus dem er besteht. Doch so wie einen Künstler vor der leeren Leinwand der Drang zu malen befällt, so kann es Ihnen passieren, dass Sie einen weiteren Schritt gehen und Ihr Werk verzieren wollen. Hochwertige Holzkästen werden vor allem mit drei Verfahren geschmückt: Einlegearbeiten, Furnierintarsien und Schnitzereien. Sie gehören auch zu den größten Herausforderungen für einen Holzhandwerker. Der Laie steht dann vor dem Ergebnis und rätselt: „Wie hat sie das gemacht?", und: „Ist es schwer zu erlernen?" Die Antwort auf die zweite Frage lautet: „Nicht, wenn man bereit ist, zu üben!"

Einlegearbeiten

Einlegearbeiten und Furnierintarsien sind zwei eng verwandte Verfahren, bei denen verschiedene Holzarten dazu genutzt werden, um einen Kasten durch Farbigkeit und Muster zu schmücken. Intarsien werden normalerweise auf die Oberfläche des Kastens aufgebracht, während Einlegearbeiten in die Oberfläche eingearbeitet und dann bündig verputzt werden. Allerdings werden Einlegearbeiten auch oft aus Furnieren gearbeitet, und die meisten käuflich zu erwerbenden Einlegeadern werden aus verschiedenfarbigen Furnieren hergestellt.

TEIL ACHT

Kästen mit unterschiedlichen Einlegearbeiten, im Uhrzeigersinn von oben rechts: Einfache Furnierader aus Kirsche und Ahorn; Einlegestreifen (vorgefertigt); selbst gefertigte Einlegearbeiten aus einheimischen Laubhölzern.

Diese Furnieradern mit verschiedenen Mustern wurden aus dünnen Furnierstücken hergestellt.

Wenn man sich diese Furnieradern genauer ansieht, stellt man fest, dass sie aus übereinandergelegten und verleimten Furnieren bestehen, die in kleinere Teile geschnitten und dann wieder zusammengefügt wurden. Dieses Verfahren lässt sich auch gut bei eigenen Arbeiten anwenden. Am besten funktioniert es, wenn die Furniere alle die gleiche Stärke haben, sodass Stapel unterschiedlicher Farben auch die gleiche Stärke aufweisen. Ich stelle auch Einlegearbeiten aus Vollholz her, allerdings nur solche in größeren Abmessungen. Sie sind zwar nicht so detailreich wie solche aus

Unterschiedliche Furnieradern. Die dünneren im Vordergrund sind vorgefertigt, die anderen stammen aus eigener Herstellung.

Furnieren, dafür kommen aber die Farbe und Maserung des Holzes besser zur Geltung.

Furnieradern aus der eigenen Werkstatt können aus einem schlichten Stück Holz bestehen, an dessen Kanten Streifen aus einem Kontrastholz angebracht sind; sie können aber auch aus einer Vielzahl unterschiedlicher Hölzer angefertigt werden. In den meisten Fällen sind diese Adern erstaunlich leicht herzustellen, und da man sie als Block anfertigt, sind sie auch weniger zeitaufwendig, als man annehmen würde. Ich stelle solche gemusterten Blöcke her und schneide dann dünne Aderstreifen von ihnen ab, sodass ich in einem Arbeitsgang eine ganze Anzahl von Streifen erhalte.

Einlegearbeiten lassen sich in Vollholz am leichtesten mit der Handoberfräse anbringen. Bei kleinen Holzkästen werden die passenden Adergräben am Handoberfräsentisch geschnitten. Bei größeren Kästen, die unter Umständen schwierige Eckverbindungen der Adern erfordern, wird mit der Handoberfräse und dem Parallelanschlag gearbeitet. Dazu ist sorgfältiges Anreißen der Anfangs- und Endpunkte der Fräsung erforderlich.

Intarsien

Mit Furnieren und Furnierintarsien eröffnet sich eine Vielfalt von kreativen Möglichkeiten bei der Gestaltung von Holzkästen. Furniere erlauben

DAS AUSSENDEKOR

Bei diesem Kasten sind auf dem Korpus aus Birkensperrholz Furniere aus Kirsche, Vogelaugenahorn, Nussbaummaserknolle und riftgeschnittener Eiche aufgebracht.

Kühe aus geriegeltem Ahorn und Nussbaum weiden auf einem Feld aus Kirsche. Die Kühe wurden in einem Durchgang aus einem Stapel unterschiedlich gefärbter Furniere geschnitten.

durch ihre Herstellung die bessere Nutzung von besonderen Hölzern, da beim Vollholz der größere Teil des schönen Materials nicht sichtbar wird. Für die Verarbeitung von Furnieren hat man spezialisierte Arbeitsverfahren entwickelt – so etwa die Verwendung von Vakuumfurnierpressen – die deutlich über die Zielsetzung dieses Buches hinausführen.

Als Blindholz für Furnierarbeiten werden meist Holzwerkstoffe verwendet, sodass die konstruktiven Einschränkungen, die bei der Verwendung von Vollholz aufgrund des Arbeitens des Holzes berücksichtigt werden müssen, in diesem Fall außer Acht gelassen werden können. Hinzukommt, dass Materialien wie Birkensperrholz und MDF deutlich preiswerter sind als Vollholz. Wenn aus Furnieren bildhafte Motive zusammengestellt werden wie bei den Kühen aus Ahorn und Nussbaum im Bild rechts oben, dann spricht man auch von Marketerie.

Auf die Oberfläche eines Holzkastens kann Furnier als durchgehende Schicht aufgebracht werden, es kann aber auch aus einzelnen Teilen zusammengefügt werden, um interessante Muster zu erzeugen. Die stapelweise Verarbeitung von Furnieren wird sowohl bei Bildern als auch bei geometrischen Mustern häufig genutzt, dieses Verfahren ist ein guter Anfangspunkt, wenn man sich mit Furnierarbeiten vertraut machen möchte.

Schnitzarbeiten

Einen fertigen Kasten mit geschnitzten Details zu versehen, kann zu leichter Nervosität führen. Nachdem man viel Zeit in die sorgfältige Herstellung des Kastens und der Verbindungen investiert hat, beschleicht einen die Furcht, ihn jetzt beim letzten Schritt zu ruinieren. Wenn ich einige Zeit nicht geschnitzt habe, mache ich einleitend einige Übungen in Restholzstücken, um wieder ein Gefühl für das Holz und die Schnitzeisen zu bekommen. Ob man freie Formen oder geometrische Muster schnitzt, es ist immer hilfreich, das Motiv auf dem Holz zu skizzieren, da man stehen gebliebene Bleistiftstriche hinterher ausradieren oder abschleifen kann.

Lindenholz ist eines der besten Schnitzhölzer, da die engen und weichen Holzfasern unbeabsichtigte Faserausrisse weitgehend verhindern. Auch andere Laubhölzer wie Kirsche, Ahorn und Nussbaum können geschnitzt werden, sie machen aber einen größeren Krafteinsatz und sorgfältigeren Umgang mit dem Faserverlauf notwendig, damit die Fasern nicht ausreißen. Geschlossenporige Hölzer sind in der Regel leichter zu schnitzen als offene Holzarten.

TEIL ACHT

Aus Furnieren unterschiedlicher Farben, die mit Klebeband zusammengefügt wurden, lassen sich mit der Dekupiersäge kontrastierende Muster schneiden.

Zwei Kästen aus Lindenholz und die Werkzeuge, mit denen die Schnitzereien hergestellt wurden. Der linke Kasten wurde im Kerbschnitzverfahren verziert, der rechte mit einer einfachen Reliefschnitzerei.

Meine ersten Erfahrungen mit der Schnitzerei habe ich beim Verzieren von Möbelstücken gesammelt, und ich versuche, die Motive schlicht zu halten, die ich bei meinen Holzkästen verwende. Meist skizziere ich das Motiv mit Bleistift direkt auf dem Holz, bei Reliefschnitzereien nehme ich dann Papierschablonen zu Hilfe, die mich beim Entwurf unterstützen.

Kerbschnitzereien tragen ihren Namen wegen der Form des verwendeten Schnitts. Die Technik ist weitverbreitet, es gibt kaum einen Kulturkreis, in dem man sie nicht antrifft. Wayne Barton, ein bekannter Autor zu diesem Thema, benutzt für seine Arbeiten meist nur zwei Messer. Um der Einfachheit willen kann dies ein guter Ausgangspunkt für den Anfänger sein. Mit einem schräg angeschliffenen Messer werden dabei geometrische Muster und Formen geschnitten, während man freie Formen eher mit einem gewöhnlichen Schnitzmesser ausarbeitet.

Bei Reliefschnitzereien scheint das Motiv oder Muster über die Fläche erhoben zu sein, tatsächlich wird aber das umgebende Material entfernt. Bei meinen eigenen Arbeiten achte ich selten darauf, einen vollkommen ebenen Grund zu erzielen, ich ziehe es vor, ihn leicht strukturiert zu lassen. Zufällige Schnitte des Messers geben dem Grund eine leichte optische Unschärfe, sodass das Motiv deutlicher hervortritt. Bei der Reliefschnitzerei wird eine größere Auswahl an Messern eingesetzt, aber für einfache Arbeiten an einem Holzkasten genügen ein Balleisen, ein Hohleisen mit flachem Stich, eines mit stärkerem Stich und ein Geißfuß, um eine erstaunliche Anzahl unterschiedlicher Effekte zu erzielen.

EINLEGEARBEITEN

Furnieradern

Um gemusterte Furnieradern herzustellen, legt man zuerst verschiedene mit Leim bestrichene Furniere übereinander **(A)**. Spannen Sie den Furnierstapel ein, bis der Leim vollkommen trocken ist. In diesem Fall habe ich jeweils vier Lagen Nussbaum und Ahorn genommen, es steht Ihnen aber frei, andere Furniere in anderen Anordnungen zu verwenden. Mit Zulagen kann man den Druck beim Verleimen gleichmäßig verteilen und dafür sorgen, dass die Furniere eben bleiben **(B)**.

Schneiden Sie den Furnierstapel in schmale Streifen, dabei werden die kleinen Stücke mit einer Knebelklemme **(C)** gehalten. Die Schnitte können rechtwinklig ausgeführt werden, ich habe sie in diesem Fall jedoch mit geneigtem Sägeblatt (30°) vorgenommen, um bei der fertigen Ader einen interessanteren Effekt zu erreichen. Danach werden die rhombisch zugeschnittenen Furnierstücke abwechselnd angeordnet, um das Ahorn- und Nussbaumholz gegeneinander abzusetzen.

Für diese Furnierader habe ich als nächstes die rhombischen Stücke mit einem rechtwinkligen Schnitt halbiert **(D)**. Zwischen die so entstandenen Stücke fügte ich als Kontrast einen Abschnitt Kirschholz ein. Der Kirschholzblock wurde auf die gleiche Weise verleimt wie jener aus Nussbaum und Ahorn, er muss auch die gleiche Stärke aufweisen. Ordnen Sie die Furnierteile für das Verleimen an, wobei sie an jedem Rand einen Streifen als Abschluss anfügen.

Fortsetzung auf S. 130

Dieser Randstreifen besteht aus einer Lage Kirsch- und Ahornholz auf jeder Seite. Geben Sie Leim an die Ränder der einzelnen Stücke **(E)**. Beachten Sie den kleinen Holzklotz, der am Ende der Montagefläche festgeschraubt ist, um die Stücke aneinander auszurichten. Geben Sie Leim an das Furnier für die Randstreifen, und legen Sie es auf den zusammengesetzten Streifen **(F)**. Drehen Sie dann das Paket um, und fügen Sie auf der anderen Seite das Furnier für den Randstreifen hinzu.

Spannen Sie das Paket dann zwischen Zulagen ein, und lassen Sie den Leim gründlich durchtrocknen **(G)**. Schneiden Sie mit der Dekupiersäge oder Bandsäge am Anschlag den Block in dünne Streifen **(H)**.

EINLEGEARBEITEN

Schachbrettmuster aus Vollholz

Schneiden Sie mithilfe eines Stoppklotzes aus Nussbaum und Ahorn Streifen gleicher Stärke. Ich verwende eine Knebelklemme am Schiebeschlitten meiner Tischkreissäge, um die kleinen Stücke zu halten **(A)**. Legen Sie die verschiedenfarbigen Hölzer abwechselnd nebeneinander.

Verteilen Sie gleichmäßig Leim auf dem Hirnholz der einzelnen Stücke. Verwenden Sie ein Reststück Sperrholz als Unterlage, um die Stücke anzuordnen und zu verleimen. Legen Sie Wachspapier auf das Sperrholz, damit der Leim nicht daran haftet **(B)**. Achten Sie darauf, dass die Einzelteile aneinander ausgerichtet bleiben, während Sie sie einspannen **(C)**.

Wenn der Leim getrocknet ist, werden eine Kante und eine Seite des Blocks abgerichtet, damit er gut auf der Kreissäge liegt, und gleichstarke Streifen von ihm abgeschnitten **(D)**. Für eine Einlegearbeit mit Schachbrettmuster müssen die Streifen genauso stark sein wie der ursprüngliche Block, damit die Rechtecke des Musters quadratisch werden. Bei unterschiedlichen Stärken entsteht ein anderes Muster. Legen Sie die Streifen zu einem karierten Muster zusammen, und verleimen Sie sie **(E)**. Ich habe Ahornstreifen am Rand hinzugefügt, um das Ganze einzufassen. Richten Sie nach dem Trocknen eine Fläche des Blocks ab, und trennen Sie ihn dann an der Kreissäge in Streifen von 2 mm – 3 mm Stärke auf **(F)**. Die Streifen ließen sich auch an der Bandsäge schneiden. Richten Sie nach jedem Schnitt die Fläche wieder ab.

TEIL ACHT   EINLEGEARBEITEN

A

Einlegearbeiten an einem fertigen Holzkasten anbringen

Bringen Sie den Parallelanschlag an der Handoberfräse an, und setzen Sie einen Fräser mit der Breite des Einlegestreifens ein. Ich verwende einen Fräser mit 6 mm Durchmesser, um einen Aderngraben für einen 8 mm breiten Streifen zu schneiden, indem ich den Parallelanschlag verstelle, bis ich mit zwei Schnitten genau die richtige Grabenbreite erreiche. Reißen Sie an den Innenecken die Anfangs- und Endpunkte für die Fräsung an. Die Tiefe des Aderngrabens sollte etwas geringer sein als die Stärke des Einlegestreifens, sodass der Streifen nach dem Einleimen sich noch etwas über das umgebende Holz erhebt. Fräsen Sie die Gräben **(A)**, stechen Sie die Ecken mit dem Beitel rechtwinklig nach, und entfernen Sie den Verschnitt **(B)**.

B

C

Schneiden Sie die Enden der Streifen auf Gehrung, sodass an den Ecken eine ansprechende Verbindung entsteht. Geben Sie eine geringe Menge Leim in den Aderngraben, und verteilen Sie ihn mit den Fingern bis in die Ecken. Leimen Sie die Streifen mit Zulagen ein, um den Pressdruck zu verteilen. Ich benutze zusätzliche Zulagen aus Hartfaserplatte auf der Innenseite des Deckels, um Druckstellen durch die Zwingen zu vermeiden **(D)**. Verputzen Sie den Einlegestreifen mit dem Hobel oder Schleifpapier bis auf das Niveau des umgebenden Holzes **(E)**.

D

E

Variante 1: Fräsen Sie die Aufnahme für die Einlegearbeiten an der Kante des Materials mit dem Handoberfräsentisch, bevor Sie den Kasten zusammenbauen.

VARIANTE 1

VARIANTE 2

Variante 2: Fräsen Sie die Aufnahme für ein breites Einlegeband am Handoberfräsentisch, indem Sie den Anschlag nach und nach verstellen, um die Schnittbreite zu erhöhen. Bringen Sie das Einlegeband mit dem Handhobel durch vorsichtige Schnitte auf die passende Breite.

INTARSIEN

Furnierarbeiten mit Schablonen

Stellen Sie eine Schablone aus Hartfaserplatte oder Birkensperrholz in 6 mm Stärke her **(A)**. Ich habe das Muster am Computer gezeichnet, es ausgedruckt und dann den Ausdruck an der Hartfaserplatte festgeklebt. Auf dem Papier habe ich die Teile sorgfältig nummeriert. Schneiden Sie die einzelnen Schablonen mit der Dekupiersäge aus. Mit ihnen werden die Furnierstücke zugeschnitten.

Schneiden Sie Furnier mit etwas Übergröße zu, und befestigen Sie es mit doppelseitigem Klebeband an den Schablonen. Setzen Sie einen Bündigfräser in den Handoberfräsentisch ein, und schneiden Sie das Furnier mit den Kanten der Schablone bündig. Die besten Ergebnisse erzielen Sie, wenn Sie das Werkstück im Uhrzeigersinn um den Fräser führen **(B)**. Legen Sie die Furnierstücke aneinander, und kleben Sie sie mit Furnierband oder Abklebeband zusammen. Auf Abbildung **C** sieht man die Rückseite vor dem Verleimen. Achten Sie darauf, dass zwischen den Furnierteilen keine Lücken vorhanden sind.

Variante 1: Gebogene Flächen können mit einer Zulage aus biegbarem Sperrholz verleimt werden, die man mit Einlagen aus Filz versieht und mit kräftigen Gummibändern einspannt.

Variante 2: Legen Sie Furniere zu einem Stapel abwechselnder Holzarten zusammen. Sichern Sie den Stapel mit Klebeband, und sägen Sie mit der Dekupiersäge Stücke daraus. Ordnen Sie die Stücke neu an, und bringen Sie sie an der Außenseite des Kastens an.

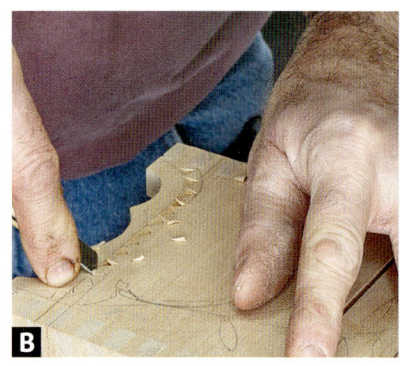

Kerbschnitzerei

Die meisten Kerbschnitzereien können mit zwei Werkzeugen ausgeführt werden: einem schrägen Balleisen für geometrische Formen und einem Messer für geschwungene Formen. Zeichnen Sie den Entwurf mit Bleistift direkt auf das Holz. Um einen Übergang zwischen den geschwungenen Formen am unteren Rand meines Kastens und den eher linearen Kerbschnitzereien zu schaffen, fülle ich den dazwischenliegenden Raum mit dreieckigen Formen. Schneiden Sie mit dem Balleisen direkt in das Holz **(A)**, und entfernen Sie dann den Verschnitt mit einem flachen Schnitt von der Seite **(B)**. Bei größeren Dreiecken schneiden Sie mit dem schrägen Balleisen vom Mittelpunkt zu den Ecken hin und heben dann den Verschnitt mit flacheren Schnitten von den vorgezeichneten Rändern heraus **(C)**. Freie Formen in Lindenholz zu schnitzen ist leichter als es aussieht. Verändern Sie Ihre Körperhaltung oder die Lage des Kastens, um die bestmögliche Kontrolle über den Schnitt zu erreichen **(D)**. Glatte Schnitte erzielt man, wenn das Messer in Faserrichtung schneidet **(E)**.

Reliefschnitzerei

Mit einfachen Reliefschnitzereien kann man Muster oder Figuren erzielen, die sich über die Oberfläche eines Holzkastens zu erheben scheinen. Man muss nicht sehr tief schneiden, um eine Tiefenwirkung zu erzielen. Zeichnen Sie zuerst den Entwurf mit Bleistift auf das Holz. Mit kleinen Schablonen kann man sich das Zeichnen des Gesamtentwurfs erleichtern **(A)**. Stechen Sie den Umriss des Motivs mit dem Balleisen ein **(B)**, und schneiden Sie dann mit einem flachen Hohleisen vom Hintergrund zum Umriss hin **(C)**. Entfernen Sie den Verschnitt um das erhobene Motiv herum mit einem flachen Hohleisen. Versuchen Sie, die Schnitte einheitlich lang und tief, aber in unterschiedlichen Richtungen auszuführen, sodass der Hintergrund eine gewisse optische Unschärfe bekommt und so das Motiv hervortreten lässt **(D)**. Die Details im Motiv werden mit dem Hohleisen und Geißfuß geschnitten **(E)**.

TEIL NEUN

Kästen jenseits des rechten Winkels

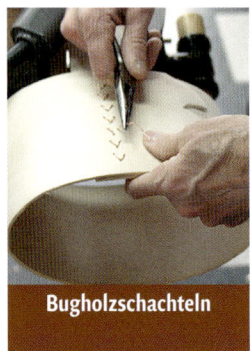

Bugholzschachteln

> Bugholzschachtel mit geschnitztem Deckel (S. 140)

Gedrechselte Büchsen

> Eine Büchse mit Deckel drechseln (S. 143)

An der Bandsäge hergestellte Kästen

> Die Herstellung eines Kastens mit Schublade an der Bandsäge (S. 145)

Es gibt Holzhandwerker, die schon bei dem Gedanken an einen rechten Winkel rebellisch werden und die es als unter ihrer Würde betrachten, Teile genau zu messen und zuzuschneiden. Sie finden an Fingerzinken, Gehrungen und Schwalbenschwänzen nichts Interessantes. Ihr Augenmerk gilt der Kurve. Sanfte, flüssige Linien erfreuen ihr Herz, und sie bevorzugen Werkzeuge wie die Bandsäge und die Drechselbank, mit denen man Holz fließende Formen verleihen kann, gegenüber jenen, die in geraden Linien schneiden. Ihre Kästen lassen sich mit weniger Werkzeugen herstellen, sie benötigen weniger Platz in der Werkstatt, und doch erfüllen sie den Handwerker mit großem kreativen Stolz.

Dosen aus Bugholz

Vor dem Aufkommen von elektrischen Sägen und Handoberfräsen benötigte man für die Herstellung eines Holzkastens einiges an Geschick, aber sonst nicht viel. Dosen aus Bugholz sind einer der Ausgangspunkte in der Tradition der Holzkastenherstellung. In den Vereinigten Staaten denkt man bei diesen Dosen vor allem an die Shaker. Aber Bugholzarbeiten gab es in verschiedenen Formen in vielen Kulturen der Welt, lange bevor die ersten Shakergemeinden gegründet wurden. Meine Urgroßmutter brachte im Jahr 1864 als

Meine Urgroßmutter brachte 1864 als Elfjährige diese Bugholzschachtel aus Norwegen mit in die USA. Die Schachtel wurde aus Grünholz hergestellt, das gespalten und auf einigermaßen gleiche Stärke gehobelt wurde, bevor es gedämpft oder gekocht und dann in Form gebogen und mit norwegischer Bauernmalerei verziert wurde. Ursprünglich wurde der Deckel durch Klemmverschlüsse gesichert

KÄSTEN JENSEITS DES RECHTEN WINKELS

Elfjährige eine Käsedose aus Norwegen in ihre neue amerikanische Heimat. Die schlichte, einfach konstruierte Dose war stabil genug, um ihre wenigen Kostbarkeiten sicher zu bergen und dann in der Familie meiner Mutter an das Erbe von Großmutter Bretha zu erinnern.

Dosen und Kästen aus Bugholz lassen sich leicht herstellen, indem man dünne Holzbrettchen in Wasser kocht oder in Wasserdampf dämpft und dann um eine Form biegt, um ihnen eine runde oder ovale Form zu verleihen. Wenn es weniger um Präzision geht, kann man auch ohne Form arbeiten. Die Verbindungsarbeit ist einfach: Die Enden der gebogenen Seitenteile werden zusammengeheftet, und in das so entstandene Holzrohr wird ein Boden aus Vollholz eingepasst. Nicht abgelagertes (‚grünes') Holz mit geradem Faserverlauf ist am besten zum Biegen geeignet. Wie dünn das Holz sein muss, ist eine Erfahrungssache, man muss etwas experimentieren, um zu guten Ergebnissen zu gelangen. Manche Holzarten lassen sich besser biegen, sie reißen nicht so schnell wie andere. Je enger die Biegung sein soll, desto dünner muss das Holz sein. Ein Ende des Holzes wird in einer Klampe an der Form gehalten, während das andere Ende um die Form gebogen und dann an dieser festgespannt wird.

Gedrechselte Büchsen

Die Drechselbank ist vielleicht das eigenständigste Werkzeug in der Holzwerkstatt. Man kann an ihr einen Rohling bis zur fertigen Holzbüchse bearbeiten, ohne jemals messen zu müssen. Lediglich der Deckel muss mit dem Tastzirkel eingepasst werden. Es ist verständlich, dass das Drechseln zu einer Sucht werden kann. Es ist ein befriedigendes Erlebnis, zu sehen, wie aus den davon fliegenden Spänen die Form zum Vorschein kommt.

Ulmenholz mit einer Stärke von 3 mm um eine Form zu biegen, kann Körpereinsatz erfordern. Das Holz wurde vorher biegsam gemacht, indem es in einer Wanne in kochendes Wasser getaucht wurde – eine gute Notlösung, falls man jedoch öfter Schachteln aus Bugholz herstellen möchte, empfiehlt sich die Verwendung eines Dampfkastens.

Eine gedrechselte Büchse aus geriegeltem Ahorn (links) und eine Deckeldose aus Nussbaum und Amerikanischer Weiß-Eiche. Am besten lassen sich kleine Dosen und Büchsen an der Drechselbank herstellen.

TEIL NEUN

Die Mittelschraube an diesem Drechselfutter ermöglicht es, den Rohling für die groben Vorarbeiten fixieren. Das Aufnahmeloch wird bei der endgültigen Formgebung wieder weggeschnitten.

Der Rohling wird von den schwalbenschwanzförmigen Backen des Futters sicher gehalten.

Hier ist das Futter innen im Deckel gespreizt, um diesen bei den abschließenden Formarbeiten, beim Schleifen und bei der Oberflächenbehandlung zu halten.

Das Drechseln erfordert eine besondere Form der Hand-Augen-Koordination. Darüber hinaus muss man wissen, für welche Arbeiten sich welches Eisen am besten eignet. Bevor man eine gedrechselte Büchse in Angriff nimmt, sollte man einige der grundlegenden Techniken erlernen und üben. Eines der beliebtesten Diskussionsthemen unter Drechslern ist die Frage, wie man Holz am sichersten und effektivsten hält, um es zu bearbeiten. Ich bevorzuge für gedrechselte Büchsen ein Futter. Die meisten Drechselfutter haben Schwalbenschwanzbacken, mit denen man das Holz von außen einspannen kann, indem man die Backen anzieht, oder von innen, indem man sie spreizt.

Im Futter kann man leicht das Innere wie das Äußere einer Büchse formen. Hinzu kommt, dass das Futter mit einer großen Schraube versehen werden kann, um den Rohling für die ersten Arbeitsgänge zu befestigen. So kann der Drechsler zuerst die äußere Form grob herausarbeiten und an der Unterseite eine Aussparung mit zurückweichenden Seiten schneiden, mit deren Hilfe das Werkstück bei den folgenden Arbeitsgängen präzise gehalten werden kann. Wenn man ein Futter verwendet, kann man den Korpus der Büchse abnehmen, während man den Deckel dreht und anpasst, um danach Deckel und Büchse zusammen einzuspannen und abschließend zu bearbeiten.

KÄSTEN JENSEITS DES RECHTEN WINKELS

Außerdem kann man das Futter im Hohlraum eines Werkstücks spreizen, um so Deckel oder Korpus weiter zu drehen.

Mit der Bandsäge hergestellte Kästen

Beliebt sind Kästen, die an der Bandsäge hergestellt werden, indem man die Schubladen und Fächer aus einem Block Vollholz aussägt. Zuerst wirken sie geheimnisvoll: „Wie wurde das Innere des Kastens ausgeschnitten?". Wenn man genau hinsieht, kann man eine dünne Fuge entdecken, wo der erste Schnitt ausgeführt wurde. Wenn man einen Kasten an der Bandsäge herstellt, sägt man das Holz einfach auseinander, lässt einige Teile beiseite und leimt es dann wieder zusammen. Es ist leichter, einen solchen Kasten herzustellen, als es vielleicht aussehen mag. Die Schwierigkeit liegt darin, die Reihenfolge der Schnitte festzulegen. Für solche Kästen und für gedrechselte Büchsen benötigt man entweder große Rohlinge, oder man muss entsprechend viele kleinere Teile zu einem hinreichend großen Rohling verleimen. Die Bandsäge muss über ein schmales, fein gezahntes Sägeblatt verfügen, ein sogenanntes Schweifblatt, mit dem man auch die engen Kurven schneiden kann, die bei einem solchen Kasten notwendig sind.

An der Bandsäge gearbeitete Kästen aus Nussbaum und gestocktem Ahornholz. Solche Kästen sind eine gute Möglichkeit, besonders schöne Holzstücke zu verwerten.

Bugholzschachtel mit geschnitztem Deckel

Bei dieser Schachtel werden die Enden des gebogenen Holzes nicht wie traditionell üblich mit Messingnägeln aneinander vernietet, sondern mit Draht zusammengeheftet. Der Boden ist genutet und ragt über die Wandungen hinaus. Der Deckel wurde mit dem Winkelschleifer ‚geschnitzt' und wird von senkrechten Klemmverschlüssen gehalten, die am Boden befestigt sind. Sie können einige oder alle dieser Merkmale übernehmen oder auch eine schlichte Version der Bugholzschachtel herstellen.

Hobeln Sie das Material auf etwa 3 mm oder weniger aus. Die erforderliche Stärke hängt von dem Radius der Biegung und von der Holzart ab. Holz mit geradem Faserverlauf reißt nicht so schnell, und Grünholz ist leichter zu biegen als abgelagertes Holz. Um das Holz biegsam zu machen, wird es in eine Wanne mit kochendem Wasser getaucht. Nehmen Sie es aus dem Wasser, und biegen Sie es um die Form, während es noch heiß ist.

Stellen Sie die Form her, indem Sie Sperrholzlagen aufeinander leimen und dann den Rohling an der Bandsäge zur gewünschten Form zuschneiden. An einer Seite der Form wird eine Eisenplatte befestigt, um ein Ende des Holzes zu halten, während es um die Form gebogen wird. Beachten Sie die Aussparung für die Metallplatte in der Form, die dafür sorgt, dass die Rundung der Schachtel gleichmäßig wird **(A)**.

Bohren Sie in die Ober- und Unterseite der Form Löcher, damit Sie Zwingen ansetzen können, wenn das Holz um die Form gebogen worden ist. Schieben Sie ein Ende des Materials unter die Metallplatte, und biegen Sie das Material eng um die Form. Setzen Sie Zwingen an, um den Vorgang zu unterstützen **(B)**. Lassen Sie das Holz vollkommen durchtrocknen, während es noch um die Form gebogen ist. Wenn sie es lösen, wird es geringfügig zurückspringen. Schneiden Sie die ‚Finger', mit denen das lose Ende des Materials am Korpus befestigt wird. Ich stütze dabei das Material auf einem Brett ab, das ich in die Bankzange eingespannt habe; mit einer Zwischenlage aus Restholz wird verhindert, dass die Oberfläche des darunter liegenden Holzes während des Schneidens beschädigt wird **(C)**. Spannen Sie die ‚Finger' am Korpus fest, und bohren Sie Löcher für die Drahtheftung. Skizzieren Sie die Anordnung der Löcher, bevor Sie mit der Arbeit beginnen **(D)**. Heften Sie die Enden des Materials mit Kupferdraht aneinander **(E)**.

Reißen Sie den Umriss des Bodens an, indem Sie mit einem Stift außen um den Korpus herumfahren. Ich habe eine dünne Holzleiste an den Bleistift geklebt, damit die Umrisslinie etwa 10 mm nach außen versetzt wird **(F)**. Schneiden Sie den Boden an der Bandsäge aus. Schneiden Sie mit einem 12-mm-Nutfräser einen Falz an den Rand des Bodens, sodass er in den gebogenen Korpus passt. Entfernen Sie mit dem Stechbeitel den Verschnitt **(H)**.

Fortsetzung auf S. 142

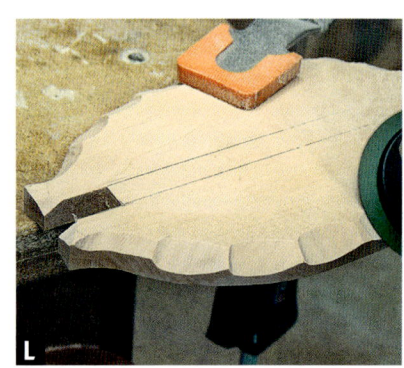

Formen Sie die Klemmverschlüsse wie in der Abbildung zu sehen **(I)**. Oben sieht man eine flache Nut und einen Schlitz, die mit der Tischkreissäge geschnitten wurden, unten ist die Form des Oberteils zu sehen, die mit der Bandsäge geschnitten wurde. Die flach geschwungene Auskerbung erlaubt es, den Verschluss zu verbiegen, um ihn zu öffnen und zu schließen. Reißen Sie die Lage der Verschlüsse an, und schneiden Sie Schlitze für sie in den Schachtelboden **(J)**. Bohren Sie 3-mm-Dübellöcher, um den Boden an den Schachtelwänden zu befestigen, und treiben Sie die Dübel mit dem Hammer ein. Bringen Sie gleichzeitig die Verschlüsse in ihren Schlitzen an, und bohren Sie Dübellöcher durch die Wandungen und Verschlüsse bis in den Schachtelboden. Setzen Sie die Dübel ein, und verputzen Sie alle Dübel bündig mit den Seiten **(K)**. Schneiden Sie den Deckel so zu, dass er zwischen die geöffneten Verschlüsse passt, und formen Sie ihn dann zusätzlich mit dem Winkelschleifer und einer groben Schleifscheibe **(L)**. Die fertige Schachtel zeigt eine traditionelle Form mit verspielten zusätzlichen Elementen **(M)**.

GEDRECHSELTE BÜCHSEN

Eine Büchse mit Deckel drechseln

Ich verwende ein Futter, um Material in der Drechselbank einzuspannen. Bohren Sie ein Loch in den Rohling, und drehen Sie ihn auf die Schraube im Futter. In der Zeichnung ist zu erkennen, wie die Bohrlochtiefe die Endstärke des Büchsenbodens und -deckels bestimmt. Das Loch sollte nicht tiefer sein als das Endmaß der inneren Aushöhlung der Büchse oder des Deckels **(A)**. Schneiden Sie mit einem schrägen Balleisen die zurückweichende Vertiefung in die Unterseite des Büchsenbodens. Hier wird für die restliche Arbeit das Futter eingesetzt und gespreizt. Formen Sie dann den Boden und die unteren Wandungen der Büchse **(B)**. Nehmen Sie den Rohling von der Schraube, und spreizen Sie die Backen des Futters in der Vertiefung. Drehen Sie das Innere der Büchse aus, und formen Sie den oberen Teil der Außenwandung **(C)**.

Schneiden Sie mit dem schrägen Balleisen eine Lippe an den Korpus, auf die der Deckel passt. **(D)** Sie können zu diesem Zeitpunkt auch die Innenwand und Oberseite der Büchse zu Ende formen und schleifen. Schrauben Sie den Deckelrohling auf die Futterschraube, sodass die Innenseite zur Schraube weist. Schneiden Sie die zurückweichende Vertiefung an der Außenseite des Deckels, die als Aufnahme für das Futter dient, und beginnen Sie dann, das Innere des Deckels zu formen.

Fortsetzung auf S. 144

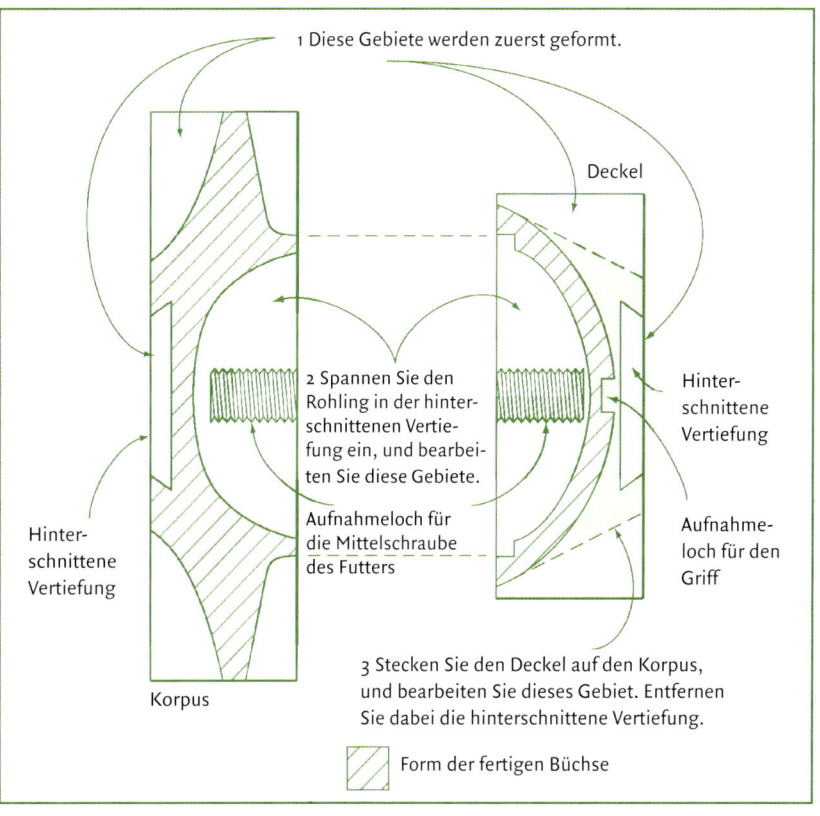

| TEIL NEUN | GEDRECHSELTE BÜCHSEN |

Übertragen Sie mit dem Tastzirkel den Außendurchmesser der Korpusöffnung auf den Deckel, um das Innenmaß des Deckels zu bestimmen **(E)**. Kontrollieren Sie die Passung des Deckels mithilfe des Korpus'. Letzte Passarbeiten können jetzt oder später beim Schleifen des Bodens vorgenommen werden. Ich ziehe zu diesem Zeitpunkt eine enge Passung vor, damit der Deckel sich während der letzten Arbeitsgänge nicht vom Korpus löst **(F)**. Nehmen Sie den Deckel aus dem Futter, und spannen Sie wieder den Korpus ein. Drücken Sie den Deckel in die Öffnung des Korpus', und nehmen Sie die letzten Form- und Schleifarbeiten am Deckel vor. Beachten Sie, dass zu diesem Zeitpunkt die Aufnahme für das Futter in Deckel entfernt wird **(G)**. Falls Sie den Deckel mit einem Griff oder einem Zierelement versehen wollen, schneiden Sie mit dem schrägen Balleisen eine Aufnahme dafür **(H)**.

AN DER BANDSÄGE HERGESTELLTE KÄSTEN

Die Herstellung eines Kastens mit Schublade an der Bandsäge

Dieser Holzkasten hat oben ein Fach mit Deckel und unten eine Schublade. Die Zeichnung rechts zeigt die gleichen Schnitte und Verleimungen, die auch auf den Fotos auf den Seiten 146 – 147 zu sehen sind. Richten Sie zwei Seiten des Rohlings rechtwinklig ab, sodass er gut und sicher über den Tisch und am Anschlag der Bandsäge entlang zu führen ist. Falls Ihr Material für das vorgesehene Stück nicht groß genug ist, können Sie den Rohling auch aus kleineren Teilen verleimen.

Fortsetzung auf S. 146

1. Trennen Sie das Vorder- und Rückteil des Rohlings ab.
   - 10 mm
   - Rückteil
   - 100 mm
   - Vorderteil
   - 150 mm
   - 75 mm

2. Schneiden Sie das obere Fach aus.
   - 30 mm

3. Leimen Sie das Vorderteil an.

4. Schneiden Sie hier.

5. Schneiden Sie hier, um den Schubladenrohling zu entfernen.

6. Trennen Sie das Vorder- und Rückteil des Schubladenrohlings ab.

7. Entfernen Sie den Mittelteil der Schublade

8. Bringen Sie die Endteile der Schublade wieder an.

9. Verleimen Sie die beiden Teile wieder.

10. Bringen Sie das Rückteil wieder an.

TEIL NEUN | AN DER BANDSÄGE HERGESTELLTE KÄSTEN

Schneiden Sie an der Bandsäge vorne und hinten je eine etwa 12 mm starke Scheibe ab **(A)**. Bei stark gezeichneten Hölzern wie dieser versporten Buche ist es nicht schwierig zu erkennen, wie das Holz wieder zusammengefügt werden muss, aber bei schlichteren Hölzern sollten Sie die Teile entsprechend kennzeichnen. Schneiden Sie mit der Bandsäge das obere Fach aus **(B)**. Leimen Sie das Vorderteil wieder an den Rohling, bevor Sie die Schublade ausschneiden **(C)**. Führen Sie dann die Schnitte aus, mit denen die Form der Schublade festgelegt wird **(D, E)**. Entfernen Sie am Anschlag der Bandsäge den Vorder- und Rückteil des Schubladenblocks, und schneiden Sie dann das Innenteil der Schublade aus **(F)**. Geben Sie Leim an die Bestandteile des Korpus und der Schublade, spannen Sie sie ein, und verleimen Sie alle Teile, sodass die ursprüngliche Form wieder hergestellt wird – allerdings mit den hineingeschnittenen Hohlräumen **(G)**.

AN DER BANDSÄGE HERGESTELLTE KÄSTEN

Zuletzt wird das Rückteil wieder an den Kasten geleimt **(H)**. Zu diesem Zeitpunkt kann man auch weitere Formgebungsarbeiten vornehmen **(I)**. Entfernen Sie die Sägespuren an der Außenseite des Kastens mit dem stationären Bandschleifgerät **(J)**. Der Kasten kann auch mit einem Sockel oder einem Deckel versehen werden. Falls diese über den Korpus hinausragen sollen, reißt man den Umriss mit einem Bleistift an, an den eine Holzleiste geklebt wurde, sägt sie mit der Bandsäge aus, und bearbeitet sie mit der Handoberfräse weiter **(K)**. Ich habe in diesem Beispiel einen Deckel und Sockel aus Nussbaum als Kontrastholz hinzugefügt **(L)**.

Index

A
Ablängschlitten 12, 13, 70, 79
Abrichten 21-22, 28
Abrichten von Kanten 28
Abrichthobelmaschine 21, 28
Ahorn
    Einlegearbeiten 69, 129-131
    Furnier 125
    geriegelt 19, 139
    gestockt 139, 146
    mit Kirschholz 85
    schnitzen 127
    Vogelaugen- 18, 19, 23, 127
    Zucker- 20
Anreißwerkzeuge 3, 4
Arbeitszeichnung im Maßstab 1 : 1   94
Auftrennen von Holz 22-23, 24-26

B
Bandmaß 3-4
Bandsäge 6-7, 24, 25, 68, 69, 74, 139, 145-147
Bandscharnier 69, 107, 108, 123
Bandschleifmaschine 8-9
Bankhaken 7
Bankzange 7
Barton, Wayne 128
Bauernmalerei, norwegische 136, 137
Beflockungen 104
Beine 90
Beschläge 107-24
    Deckelstützen 108, 109, 120
    Griffe 70, 113, 124
    handgefertigte 108, 113, 122-23
    Schlösser und Verschlüsse 112-13, 120
    Siehe auch Scharniere
Birkensperrholz 91, 92, 127, 133
Bohrer, selbstzentrierend 109, 111
Bohrmaschinen 7 - 8
Bubinga 84, 85
Büchse, gedrechselt 137
Bugholzschachteln 16, 136-37, 140-42
Bündigfräser 133

C
Chinkapin-Eiche 32
C-Zwingen 8-9

D
Dämpfkasten 137
Deckel 68-82
    aus Vollholz 70-71, 72
    Deckelstützen 108, 109, 120
    für große Kästen 69, 71, 75
    für kleine Kästen 69, 71, 74
    gedrechselte 143-44
    geschnitzte 140-42
    lose eingelegte 41, 42, 71
    Rahmenkonstruktion 70, 78-79, 82
    Rahmenkonstruktion, überschobene Füllung 72
    riftgeschnittenes Holz für 19
    Staubleiste 69, 73
    verschiebbare 71, 76-77
    vom Kasten geschnittene 68-69, 74-75
Dekupiersäge 7, 128, 133
Diagonalen messen 43
Dozuki-Säge 10, 66
Drahtstifte 32
Drechselbank 7, 85, 89, 136-39
Drechselfutter 7, 89, 138-39, 143
Drechseln
    Büchsen 137-39, 143-44
    Deckel 143-44
    Füße 85, 89
Druckleisten 11, 26
Dübel 32-34, 37

E
Eckverbindungen siehe Verbindungen
Eiche 19, 69, 127, 137
Eiche, Amerikanische Rot- 19
Eiche, Amerikanische Weiß- 69, 137
Einbohrscharniere 109, 111, 114
Einpressscharniere 109, 111, 115-16
Einsätze für den Kreissägetisch 11-12, 26
Einspannen 42
Einsteckschloss 112, 113, 121
Einstemmschloss 113
Entwurf 84-85

F
Falz 32, 34, 45
Faserausrisse 27, 45
Feder, lose 34, 37
Fingerzinken 31, 32, 35, 37, 38, 40, 59-61, 62
Fingerzinken, auf Gehrung abgesetzt 62
Forest Stewardship Council 17
Formfedern 32, 34, 37, 72
Formgebung, Werkzeuge zur 6-7
Führungslöcher 108, 109, 111
Furnier 7, 16-17, 125-128
    Federn aus 48
    gestürztes Maserbild 20, 21
    Herstellung 20, 30
    Intarsien 125-26
    Muster 133
    verleimen 129-31, 133
Füße 83-86, 87, 88, 89
Füße als Bestandteil des Korpus 86, 87

G
Gehörschutz 10
Gehrungsanschlag 34, 35, 59
Gehrungslehre 36
Gehrungssäge 36
Gehrungsschlitten 13, 31, 47, 58, 67
Gehrungsstanze 36
Gehrungsverbindungen 32-38, 48
    gefälzte 35, 38, 53-54
    in Handarbeit 36
    mit Feder 35, 37, 38, 51-52, 100
    mit loser Feder 34, 37, 88
    Montage 42
    verstärken 34, 37
Gehrungswinkel 34, 35
Geißfuß 128
Gelbholz 37
Griffe 70, 113, 124

H
Handbohrmaschine 8
Handhobel siehe Hobel

INDEX

Handoberfräse 6, 57, 76, 121, 132
    Intarsien mit der 126
    Schlitz-und-Zapfen-Verbindungen mit der 57
    Schwalbenschwanzzinkungen mit der 65

Handoberfräsentisch 6
    Arbeitsverfahren am:
    Deckel 73
    Einlegearbeiten 126
    Einpressscharniere anbringen 111
    Fingerzinken 35, 37, 61
    Furniere 133
    Gehrungen 35, 50-52, 53-54
    Griffe 124
    Scharniere anbringen 115-16, 119
    Schiebedeckel mit Nut und Feder 77
    Schlitze 13, 14
    Schlitz-&-Zapfen-Verbindungen 37-38, 55-56, 79, 102-3
    Schwalbenschwanzzinkungen 38-40, 76
    Sicherheit am 10-12
    Sockel 91

Handwerkzeuge 9-10
    für Gehrungen 36
    für Schwalbenschwanzzinkungen 66
    zum Abrichten von Kanten 28

Hartfaserplatte 133
Hobel (Stanley) 5-6, 10
Hobel, Hand- 5-6, 10, 22-23, 28
Hobeln 21-22, 27, 28
Hohleisen 128, 135
Holz 15-30
    -arten 15-17
    auf Stärke hobeln 22-23
    biegen 137, 140-41
    gestocktes 19-20
    Maserung, 20-23
    riftgeschnittenes 18, 19
    rundgeschnittenes 18
    Schwinden und Quellen 17-18, 71
    verzogenes 71

Holzgriffe 124
Holzscharniere 108, 113
Holzbewirtschaftung, nachhaltige 17

I

Innenausstattung 93-106
Innenverkleidungen 98, 104-6
    aus nicht gewobenen Stoffen 106
Intarsien 125-26, 133

K

Kantenfräse 6
Kantenverleimung 28
Kapp- und Gehrungssäge 4-5
Kästen, frei geformte 7, 136-137
Kästen, große
    Deckel für 69, 71, 75
    Schlitz-und-Zapfen-Verbindungen für 57-58
Kästen, kleine
    Deckel für 69, 71, 74
    Scharniere für 111
    Schlitz-und-Zapfen-Verbindungen für 55-56
Kerbschnitzerei 128, 134
Kernholz 20
Kettensäge 24
Kirschholz
    Einlegearbeiten 34, 69, 111
    Furnier 127, 129
    Füße 85
    Griffe 70
    Schnitzen 127
    Splintholz 20
    Vogelaugenmaserung 18
Klebeband 42, 45, 52
Knebelklemme 129, 131
Kombiwinkel 3-4, 34
Krümmungen 6-7, 134, 136

L

Lärm 10
Laubholz 15, 16
Lindenholz 127, 128, 134
Lloyd, Peter, 5, 113
Lochbeitel 9

M

Maschinen für d. Zurichten des Holzes 4-6
Maserbild 20
Maserknollen 18-19, 23
Material, dünnes 22-23, 29
Materialien 15-30
Mesquite, Schwarzes 37
Messing
    Füße 85
    Nägel 121, 140
    Scharniere 107-109
    Scharnierstifte 111, 122
    Schrauben 108, 109
    Stange 90, 108, 122
    Verschlüsse 113
Messwerkzeuge 3-4
Miniatur-Einbohrscharniere 109-111, 114
Miniatur-Formfedern 72
Mitteldichte Faserplatte (MDF) 16, 127
Modelle 93-94
Montage von Kästen 42-43

N

Nachhaltigkeit (Holzwirtschaft) 17
Nadelholz 15-16
Nägel 44, 140
Nussbaum
    Deckel 70, 71, 147
    Einlegearbeiten 83, 129, 131
    Furnier 127
    Füße 84
    Maserbild 20
    Holzfasern 20
    -kasten an der Bandsäge hergestellt 139
    Kästenbeispiele 32, 137
    schnitzen 127
Nuten 86
Nutsägeblatt 5, 80, 99
Nut-und-Feder-Verbindung 102

P

Platane 19, 70, 84

Q

Quadrantscharniere 108, 109, 112, 120

R

Radiale Maßveränderung des Holzes 18
Radialkreissäge 4

INDEX

Rahmenspanner 41, 88, 92
Raubank 6, 28
Rechtwinkligkeit, überprüfen auf 42-43
Reliefschnitzerei 128, 135
Richtscheit 27
Riegelmaserung 19, 23
Rissleiste 3, 110, 111, 112, 114, 119
Rohholz
    Arbeiten des Holzes 17-18, 71
    auf Stärke hobeln 3, 22-23
    auftrennen 22-23, 24-26
    dünnes 22-23, 29
    geschobenes Maserbild 21
    gestürztes Maserbild 20-21
    riftgeschnitten 18, 19
    rundgesägt 18, 19
    verzogenes 5, 17
    zurichten 4-5
Rollschneider 106
Rückensäge 9, 48, 66

S

Sägeblätter 4, 7, 22, 26, 49, 82
Sägen 4-5, 9, 11, 36, 48, 66; siehe auch Tischkreissäge
Sägen, japanische 36
Sassafras, 34
Schablonen 112, 124, 133
Schachbrettmuster, Einlegearbeit 131
Scharniere 107, 108, 109, 110-12, 117-19
    aus Holz 108, 113
    aus Messing 107, 109
    Ausklinkungen für 108-9, 110, 112, 117-19
    Band- 69, 108, 109, 123
    Einbohr- 109, 111
    Einpress- 109, 111, 115-16
    für kleine Kästen 111
    handgefertigte 69, 122-23
    Miniatur-Einbohr- 109, 111, 114
    mit Messingstift 111, 122
    Möbel- 108, 109, 111-12, 117-19
    Quadrant- 108, 109, 112, 120
    Schablonen für 112
Scheibenschleifmaschinen 8-9, 23, 29
Schiebedeckel 71, 76-77

Schiebedeckel mit Feder 71, 77
Schiebelehre mit Rundskala 3
Schiebestock 10-11
Schilf 16, 23
Schlitz-und-Zapfen-Verbindungen 32, 37-38, 41
    durchgehende 38
    für Deckel in Rahmenkonstruktion 71-72, 78-80
    für große Kästen 57-58
    für kleine Kästen 55-56, 79
    für Schubladen 97-98, 102-3
Schleifmaschinen 8-9, 23, 29, 30
Schlitze
    für Scharniere 108-9, 110, 112, 117-19
    gerundete 72
    in Handarbeit 117-18
    Vorrichtungen zum Schneiden von 14
Schlitzfräser 111, 115-16
Schlitzschlitten für lose Federn 13-14
Schlösser 112-13, 120
Schmelzkleber 118
Schmiege 3, 41
Schmuckschatullen, 93, 94, 95
Schnitzarbeiten 127-28, 134, 135
Schrauben, Messing- 108, 111
Schublade 95-96
    mit der Bandsäge geschnitten 145-47
    Schlitz-und-Zapfen 98, 102-3
    Verbindungen 94
    versteckte 86, 92
Schwalbenschwanzzinkungen 38-40, 63-67
    anreißen 41
    auf Gehrung abgesetzt 67
    halbverdeckte 38, 39, 65
    handgeschnittene 66
    offene 38, 40, 65
Schwinden & Quellen des Holzes 17-18, 71
Schwingschleifer 8-9
Shakerkästen 137
Sicherheit 11, 1, 12, 26, 29, 76, 110
Sockel 83-86, 91-92
Spaltkeil 26
Spanplatte 16
Spangurte 8

Sperrholz 16
    biegbares 16, 133
    Birken- 91, 92, 127, 133
    furniertes 16-17, 21
Splintholz 20
Sprühkleber 105
Stahllineal 2-3
Stammabschnitte zurichten 24
Ständerbohrmaschine 7-8, 76, 78, 114, 122
Staub 10
Staubleisten für Deckel 69, 73
Stechbeitel 143
Stiftetui 111
Streichmaße 4

T

Tabletts 97-98
    ausgekehlte 97, 101
    mit dem Deckel bewegliche 95, 109
    Unterteilungen 100
    Verbindungen für 97
    verschiebbare 96, 97
Tangentiale Maßveränderung des Holzes 18
Tischkreissäge 4, 10-12
    Ablängschlitten 12-13, 70, 79
    anpassen von Kastendeckeln 70
    auftrennen von Vollholz 22, 66
    -blätter 4, 22, 26
    Deckel vom Korpus trennen 68, 69, 75
    dünnes Material schleifen 29
    Fälze 45
    Fingerzinken 37, 59-60
    Gehrungsschlitten 13, 31, 47, 58, 67
    Gehrungsverbindungen 34, 35, 48, 49, 88
    gespundete Verbindungen 46
    Rahmen-und-Füllung-Konstruktion 82
    Schleifscheibe 29
    Schlitz-und-Zapfen-Verbindungen 14, 37, 55-58, 78-80
    Schwalbenschwanzzinkungen 40, 63-64, 68
    gefälzte Verbindung 44
    Überblattungen schneiden 80-81
Trommelschleifmaschine 9, 23, 30

INDEX

U
Überblattung auf Gehrung 72, 81
Überblattungen 72, 80 - 81
Ulme 137
Unterlagebrett 30
Unterteilungen, überblattete 99

V
Verbindungen, 4, 31-67
    Fingerzinken 31, 32, 35, 37, 38, 40, 59-61, 62
    Formfedern 34, 37, 72
    für Bugholzschachteln 136-137
    für die Inneneinrichtung 94
    für Tabletts 97
    gefälzte 32, 34, 45
    genagelte oder geschraubte 31
    gestoßene 31-32, 44
    Nut-und-Feder- 93, 102
    Schwalbenschwanzzinkung 38-40, 63-67
    Überblattungen 72, 80-81
    Siehe auch Gehrungsverbindungen; Schlitz-und-Zapfen-Verbindungen
Verkleidungen aus Webstoffen 105
Verleimen
    Eckverbindungen 42
    Einlegearbeiten 129-30, 131
    Furnier 129-30, 133
    Gehrungen 34, 42
    Kanten 28
Verschlüsse 112 – 113
Verzierungen für Kästen 125-35
Vogelaugenmaserung, 18, 19, 23, 127
Vorrichtungen
    für Eckverbindungen 39
    für Fingerzinken 38
    für Gehrungsverbindungen 50
    für Schwalbenschwanzzinkungen 39-40
    für Überblattungen 80
    selbst gefertigte 11-12
    zum Befestigen von Füssen 85-86

W
Wachs 109
Wechselzahnblätter 5, 37, 49
Werkbank 9
Werkstatt 2
Werkzeuge 2-14
Wildleder, synthetisches 98
Winkel (Tischlerwinkel) 3, 34, 35
Winkellehre 4, 43
Winkelmesser 3
„Winterwood"-Kästen 23

Z
Zapfen, durchgehende 39
    Vorrichtung zum Schneiden von 14
Zigarrenkästen 35
Zinkenfräsgerät 40, 65
Zwingen 7-9, 42

Schon fertig?

Hier finden Sie weitere interessante Informationen – in Büchern und Videos von *HolzWerken*

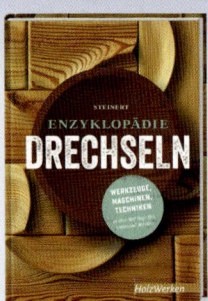

+ Video-DVD

Steinert
Enzyklopädie Drechseln
Werkzeuge, Maschinen, Techniken in über 800 Begriffen umfassend definiert!

Drechseln von A bis Z – alles zum ältesten Handwerk der Welt!

- Über 800 Begriffe und zahlreiche Abbildungen
- Technik, Geschichte, Handhabung
- Oberfläche, Gestaltung, Zubehör
- Durch zahlreiche Querverweise auch zur fortlaufenden Lektüre geeignet

336 Seiten, 17 x 24 cm, zahlreiche Zeichnungen und Fotos, gebunden mit Lesebändchen

Best.-Nr. 20035
ISBN 978-3-86630-063-7
E-Book ✓ Leseprobe ✓
🌐 vinc.li/20035

Guido Henn
Handbuch Oberfräse
Auswählen, bedienen, beherrschen

Ob Modell, Bedienung oder Wartung – Guido Henn erklärt alles Wissenswerte rund um die Oberfräse. Für das praktische Arbeiten erhält der Leser präzise Anleitungen und Beispiele. Auf der Beiliegenden DVD zeigt der Autor den Umgang mit selbstgebauten Vorrichtungen und Schablonen.

280 Seiten, inkl. DVD mit ca. 2 Std. Spielzeit, 23,1 x 27,2 cm, 1244 farbige Fotos, gebunden

Best.-Nr. 9155
ISBN 978-3-86630-949-4
Leseprobe ✓
🌐 vinc.li/9155

Sandor Nagyszalanczy
Werkstatthilfen selber bauen
Sicher spannen, führen, halten

Welche Vorrichtungen werden benötigt, um Werkzeuge zu führen und Werkstücke zu halten, oder umgekehrt? Dieses Buch bietet Ihnen zahlreiche Anwendungsbeispiele, Lösungen und Anregungen. Und versetzt Sie so in die Lage, die grundlegenden Lösungsansätze auf individuelle Probleme zu übertragen.

272 Seiten, 23,1 x 27,2 cm, 1077 farbige Fotos und Zeichnungen, geb.

Best.-Nr. 9154
ISBN 978-3-86630-948-7
E-Book ✓ Leseprobe ✓
🌐 vinc.li/9154

Bestellen Sie versandkostenfrei*
T +49 (0)511 9910-033
www.holzwerken.net/shop
* innerhalb Deutschlands

HolzWerken – Das Magazin für den Holzwerker

HolzWerken bietet auf prallen 64 Seiten, was Ihnen in der Werkstatt hilft – von Grundlagen bis zu fortgeschrittenem (Kunst-)Handwerk mit Holz.
7 Ausgaben im Jahr – auch als Kombi-Abo Print + Digital!

Mit folgenden Themen in jedem Heft:
- Tischlern, Drechseln, Schnitzen – Tipps von erfahrenen Praktikern
- Anleitungen und Pläne zum Bau von Möbeln und Vorrichtungen
- Wissenswertes über den Umgang mit Werkzeug, Maschinen und Material

HolzWerken – gehört in jede Werkstatt!
Jetzt informieren: www.holzwerken.net

HolzWerken
Wissen. Planen. Machen.

Vincentz Network GmbH & Co. KG   *HolzWerken*   Plathnerstr. 4c · 30175 Hannover · Deutschland